21世紀の『女の子』の親たちへ

女子校の先生たちからのアドバイス

教育ジャーナリスト
おおたとしまさ

祥伝社

はじめに

「女の子の育て方」に関する本よりも「男の子の育て方」に関する本のほうが圧倒的に多く出版されています。これには社会構造的な理由があります。いまの日本では子育てを主に担うのが圧倒的に女性だからです。その女性にとって、「男の子」という存在が理解しにくいと思われているからです。

この本は、まさにその社会構造に着目しています。かといって、父親向けに「女の子」の生態を解説することを目的とした本ではありません。

男女の先天的な違いや習性の違いを強調してそこから「女の子」の育て方を説くのではなく、これまで男女が置かれていた社会的立場の違いをスタート地点とします。性別に関係なく個人がそれぞれの個性を存分に発揮して支え合って暮らせる社会を男女共通のゴールとします。

異なるスタート地点から同じゴールを目指すわけですから、当然ながら男女の通るルートは異なります。その女性側のルートをたどるのが本書の趣旨です。

男性側のルートをたどったのが２０１９年の拙著『21世紀の「男の子」の親たちへ』（祥伝社）でした。ですから、その本とこの本は、どちらから先に読んでもいい続きの本だということができます。

２冊を合わせて読めば結局のところ、女の子も男の子も関係ない話に収束していきます。**親として気をつけなければいけないのは、子供の性別よりも、親自身のなかにあるジェンダー・バイアスだということになります。**加えていうならば、性を女性と男性という二分法では語れない時代だということも忘れてはいけません。

この本で取り扱うのはもちろんジェンダーの話だけではありません。女性のキャリア形成の現状、国際的な学力調査の結果から見える男女の違い、そして急速なグローバル化や価値観の多様化、情報技術の急激な進化などの状況を踏まえ、**21世紀のど真ん中を生きる女の子たちにいまどのような感性が求められているのかを明らかにしていきながら、親自身が無意識のうちにもってしまっている「女らしさ」や「女のくせに」のような20世紀の女性像とのズレを意識化し、補正してもらうことが本書のいちばんの目的です。**

その点『21世紀の「男の子」の親たちへ』には、旧来の男性像にとらわれているがために良かれと思ってそれに息子をはめ込もうとする父親の価値観こそを揺さぶりたいという狙いがありました。同様に本書では、旧来の女性像にとらわれているがために良かれと思ってそれに娘をはめ込もうとする母親の価値観こそ揺さぶりたいと思っています。そこが従来の「女の子の育て方」や「男の子の育て方」の本との大きな違いです。

鷗友《おうゆう》学園女子中学高等学校の教頭・大内《おおうち》まどか先生は、**「母親は娘の気持ちがよくわかると思いがちです。客観的な視点に立ちづらい。だからこそ大事なのが、自分と娘は違う人間だということをきちんと意識して『本当はわかってないかも』と自戒することなんです」**と訴えます。

では父親が、自分が育てられたのと同じように娘を育てればいいかというとそれも違う。性別が違うからというよりは、時代が違う。自分のことを〝勝ち組〟だと思っているお父さんこそ要注意です。自分と同じような〝勝ち組〟に育てようと意気込めば意気込むほど、旧来の男性優位社会の価値観を娘に刷り込むことになるからです。

品川《しながわ》女子学院中等部・高等部の理事長（前校長）・漆紫《うるしし》穂子《ほこ》先生は、**「親のバイアスは経験と愛情から生じるんだと思います。でも、子供の未来を限定するような発言や声がけを**

小さいころからしないように意識しなければいけません。『無理だ』とか『過去にないよ』とか『失敗したらどうするの』というようなネガティブな言葉を控えることが大事です」と言います。

その点、豊島岡《としまがおか》女子学園中学校・高等学校の校長・竹鼻《たけはな》志《し》乃《の》先生は「女子校では『女の子らしさ』みたいなことを考えなくていいんです。女子としていいかどうかというよりもひととしていいかどうかという視点が常に上位にあります」と言います。

「男子校では男の子同士がくんずほぐれつ床を転がりながらスキンシップをとっていますよね。共学校ではあまり見られない光景ではないでしょうか。中学生くらいまでの男の子は実はまだまだ友達とのスキンシップが好きなんですよ。男子校では男の子の素が表に現われやすいということです。女子校で女の子同士はああいうスキンシップはとらないのですが、やっぱり女子校では女の子の素が出ます」と証言するのは吉祥《きちじょう》女子中学・高等学校の綾《あや》部《べ》香《かおる》先生です。

綾部先生とは数年前、ある男子校の授業見学でごいっしょしたことがありました。そのときに男の子たちが子犬同士のようにじゃれあうのを見て、いっしょに笑ったのでした。

もちろん女の子だから、男の子だからという性別でひとの言動をステレオタイプ化してしまうことは間違いです。性別よりも個体差のほうが大きいのは言うまでもありません。でも、女の子だけの集団、男の子だけの集団をつくってみると、そこで見られる集団としてのふるまいには違いが表われるのです。

このような具合に、女子校のベテラン先生たちの見解を引用しながら、本書は展開していきます。

これまで何千人という素の女の子たちを見てきた女子教育のプロたちが「これだけは間違いない」と言うことがこの本の根拠です。では本書に書かれていることが必ずしも科学的に証明されているかといえば、答えは「ＮＯ」です。だってそんなこと、どんなに予算や時間をかけて調査したところで、エビデンスなんてとれませんから。

「この育児や教育が正しかったのか」は、その子が人生を終える瞬間にどんな気持ちかを尋ねでもしない限り判定のしようがありません。つまり「良い親とは何か」「良い教育とは何か」という問いはそのまま「幸せとは何か」「人生とは何か」という哲学的な問いに同じなのです。だから「正解」がないのです。

そこで先生たちの珠玉《しゅぎょく》のことばの数々を寄せ集めました。そのなかから21世紀のど真ん中を生きる女の子の親として心得ておくべきポイントを抽出し、ところどころ私の言葉で補助線を引き、ようやく一編の書籍としてまとめることができました。編集というよりは、エッセンスを精製しながら濃縮する蒸留に近い作業でした。うまくブレンドできているといいのですけれど……。

第1章のテーマは「キャリア」、第2章は「性」、第3章は「学校の役割」、第4章は「親の役割」です。『21世紀の「男の子」の親たちへ』とは章構成のコンセプトからして違いますが、問題意識は同じです。視点が違うだけです。後半に行けば行くほど性別を限った話ではなくなることも、両書に共通しています。

親の立場からすれば、説教臭く感じられる話も多いかもしれません。しかしそれ以上にきっと、「あ、それでいいんだ」と肩の力が抜ける瞬間が、本書を読むなかでたくさんあるはずです。

21世紀の「女の子」の親たちへ。

変えられるものを変える勇気と、変えられないものを受け入れる平静さと、それらを峻別する叡智《えいち》が、もたらされますように。

『21世紀の「女の子」の親たちへ』目次

第2章 自分を守るための性教育と平和教育

第3章 大学受験や就職よりも大事なこと

装丁　竹内雄二
図版　篠　宏行

ご協力くださった女子校の先生方（50音順）

●桜蔭中学校・高等学校
井上瑞穂先生
小林裕子先生
齊藤由紀子先生

●鷗友学園女子中学高等学校
大内まどか先生

●吉祥女子中学・高等学校
綾部香先生

●神戸女学院中学部・高等学部
林真理子先生（当時）

●四天王寺高等学校・中学校
稲葉良一先生
中川章治先生
山本富生先生

●品川女子学院中等部・高等部
漆紫穂子先生

●女子学院中学校・高等学校
鵜﨑創先生

●洗足学園中学高等学校
宮阪元子先生

●豊島岡女子学園中学校・高等学校
竹鼻志乃先生

●ノートルダム清心中・高等学校
神垣しおり先生

●雙葉中学校・高等学校
和田紀代子先生

第1章

21世紀の女性の「成功モデル」とは?

Point

女性の活躍や男女共同参画社会といわれる一方で、現実社会ではいまだに女性が圧倒的に不利な立場に置かれやすいダブルバインドな状況です。そのなかで自己実現を果たすにはどうすればいいか。逆転の発想でキャリア戦略を講じれば、女性にとってチャンスは広がります。

「女性の活躍」はダブルバインド・メッセージ

「女性の活躍とか男女共同参画社会だとか、表面上はそういわれていますが、本当の意味でフェアな世の中ではないと思っています。ダブルバインドな時代です」と喝破《かっぱ》するのは桜蔭《おういん》中学校・高等学校の校長・齊藤由紀子《さいとうゆきこ》先生。

ダブルバインド。つまり表向きのメッセージと実際の要求がずれているということ。

「社会の意識も変わっていないし、保育園の整備など制度的なサポートも不十分。実際に女性がこの社会の中で活躍していくためには、強靱《きょうじん》な精神力で理不尽に耐えながらなんとか実《じつ》を取って、長期的にしたたかに取り組まなければなりません」

かつては桜蔭にも、卒業したらすぐに就職するクラスが毎年１クラスあったそうです。そのころの女性がずっと仕事を続けるのはものすごく大変だったことでしょう。でも逆に、茨《いばら》の道であることがあらかじめはっきりわかっていました。ごく一部の精鋭の女性が強い意志をもって、傷だらけになりながらそこを切り拓いていた時代でした。いまは表向きはそうではないように見えていますが、実際には、女性の活躍はいまだ茨の道だということです。

「一見フェアな世の中になったように見えてしまうところが逆に罪だと思います。『フェアな競争をさせてほしい』と中高生がイメージできるのは大学入試やせいぜい就職までですから、そこから先でうまくいかないのは自分の能力がないからだと納得させられてしまう。実に巧妙な罠《わな》だと思います」と憤《いきどお》ります。

そのなかでも自己実現をしようと思うなら、相当にしたたかに立ち回らなければいけないのが実状です。

しかも２０１８年には、フェアであると思われていた大学入試においても女性差別が行なわれていることが発覚しています。東京医科大の入試不正に端《たん》を発した医学部女性差別問題です。多くの医学部で合格者の男女比に大きな開きがあり、実際複数の大学医学部入試において、男性受験者が有利になるような得点操作が行なわれていたことがわかったのです。

医学部への入学は構造上、医師という職業に直結しており、離職率の高い女性を入口で排除しておきたいという思惑が働いていたわけです。もちろん現状において女性医師の離職率が高いのは男女不平等な社会構造ゆえの結果です。

悪化する日本のジェンダー・ギャップ指数

２０１９年12月、フィンランドでは34歳の女性が首相に就任しました。一方、同時期に世界経済フォーラムが発表したジェンダー・ギャップ指数（図１）によれば、日本はますます男女平等な社会から遠ざかっています。「１」に近づくほど男女平等であるとされるこの指数が、前年度の０・６６２から０・６５２に下落したのです。このところせっかく上昇傾向にあったのですが、２０１１〜２０１３年ごろの水準に逆戻りです。特に政治分野と経済分野において男女の差が大きいのが日本の課題です。

ニュースでは順位が落ちたことが大きく取り上げられますが、順位は他国との相対ですから、日本におけるジェンダー・ギャップが改善していても、それ以上に良い傾向にある

**図1｜日本のグローバル・ジェンダー・ギャップ指数の推移
（1に近いほど男女平等）**

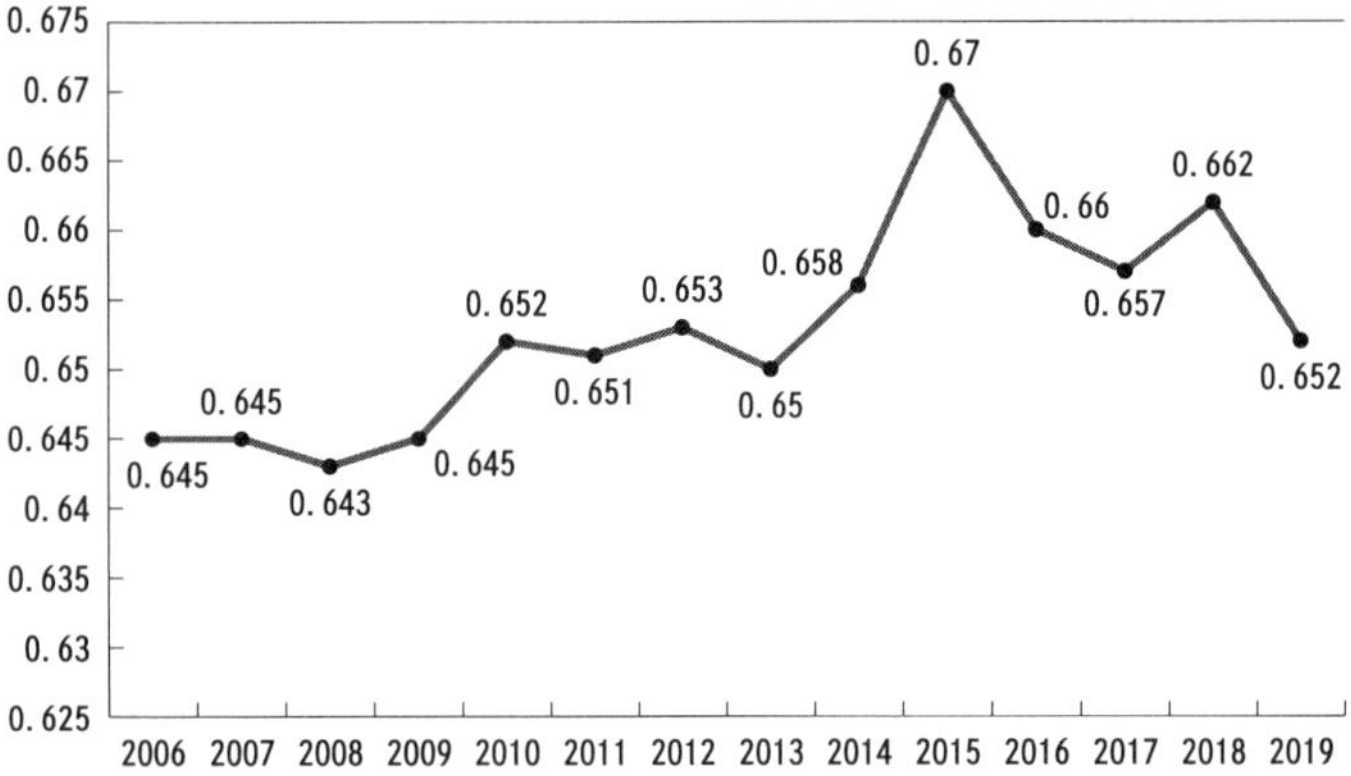

※World Economic Forumのサイトを元に作成

国が多ければ、日本の順位は下落します。単純にランキングに加わる国や地域が増えることでも順位は下落します。ジェンダー・ギャップ指数を見るときには、順位ではなく実数を経年比較するのが原則です。

ただし、儒教の影響が強い韓国や中国あるいはイスラム教の戒律が社会に大きな影響を与えているアラブ首長国連邦よりも順位が低いということは知っておいたほうがいいでしょう。

ジェンダー・ギャップ指数を引き合いに出すまでもなく、女子校の先生たちは日本社会におけるジェンダー・ギャップを日々実感していると口をそろえます。

桜蔭の齊藤先生は**「東京の私学の理事長・**

校長の集まりに出席すれば一目瞭然です。『はぁ』とため息が出るくらいに女性が少ない……」と嘆き、神戸《こうべ》女学院《じょがくいん》中学部・高等学部の部長・林真理子《はやしまりこ》先生（当時）は「うちの学校は、自立した女性を育《はぐく》むという理念のもとに創立して１４５年目になりますが、女性の校長は、初期のアメリカ人宣教師を除くと、私でやっと2人目なんです。兵庫県には52の私学がありますが、女性の校長は一桁《けた》ですよ」と苦笑い。

「２００７年に初めて女性のドルー・ギルピン・ファウストさんがアメリカ最古の大学であるハーバードの学長に就任したとき、『女性学長』と呼ばれたのに対し『私は学長であって女性学長ではない』と言い放ったのは象徴的でしたよね」とは洗足《せんぞく》学園中学高等学校・校長の宮阪元子《みやさかもとこ》先生。ちなみに２０１９年のアメリカのジェンダー・ギャップ指数は０・７２４。日本ほどではないにせよ、アメリカも実はそれほど男女平等な社会でないのです。

鷗友の大内先生はこんなことを教えてくれました。

「このまえ地方都市で女子高生サミットが開催されました。うちも二つ返事で参加を決めました。準備のために、東京の女子高生と地方の女子高生がインターネットのテレビ会議をしたのですが、会場にどんなひとを招こうかという話題になったときのことでした。地方の女の子が、『男性は中高生に限りたい』って言って、うちの生徒やもう1つの大都市の女の子たちは『なんで?』ってなったんです」

地方の女の子たちは、大人の男性が入ることによって無茶苦茶な意見で彼女たちの意見が頭ごなしに否定されてしまい議論が深まらなくなってしまうことを、恐れていたというのです。でも、同世代の中高生なら共感してもらえる部分もあるだろうと。

「とても冷静に現実を見ていたんですね。うちの生徒たちは、そこまでの男女差別を経験したことがありませんから、びっくりしていて。東京と地方ではそれだけ見えている風景が違うんだなってことを実感したようです。東京みたいな大都会で生まれ育った子供は、海外だけじゃなくて、同じ日本の中にもいろいろな考え方があることを知らなければいけないと思いますね」

悪気なき差別を生むバイアス

口ではみんな男女平等がいいと言いながら、なぜ現実はそうならないのでしょうか。おそらく意識的に女性を差別しているひとはごく一部です。**多くのひとが、無意識のうちに女性の社会的立場を低く見積もる「バイアス（偏見）」にとらわれているのです。**バイアスのせいで、何の悪気もなく、男女不平等な状況を維持してしまうのです。男性だけでなく、女性自身にもそのバイアスはあります。

ピンクの色眼鏡でピンクの壁を見ると、その壁がピンクであることに気づけないのと同じように、社会全体に当たり前のように差別が存在していると、客観的な評価自体がその差別を前提にしてしまっていることがあります。

たとえばいつも怒りっぽいひとが少々荒っぽい言葉遣いをしても誰も気にしませんが、いつもは穏やかな口調のひとが同様に少々荒っぽい言葉遣いをすると、まわりをびっくりさせてしまうことがあるでしょう。「前提」が違うからです。

これと同じ理屈で、部下へのフィードバックとして同じ言葉を同じように言っても、男性上司に言われるよりも女性上司に言われるほうが「きつい言い方」と受け取られることが多いという研究結果があります。これも意図しない悪気もない無意識の差別といえます。

前提として、「バイアス」は必ずしも悪いものではありません。ものごとをパターン認識することで思考の無駄が省けるからです。しかしそれが差別につながってしまうのはまずい。性差はもちろん、人種、国籍、宗教、外見などさまざまな事柄に関して「バイアス」は存在します。

能力が高い女性は嫌われる？

ひとであれば誰もがもっている「バイアス」に自覚的になるための研修を、世界の全社員に強く推奨しているグローバル企業があります。ソーシャルプラットフォームのFacebook（以下、フェイスブック）です。

グローバルなサービスを提供する側の人間が性別・国籍・宗教・年齢などを問わず多様な人材を採用しさまざまな意見を取り入れるため、「バイアス」に自覚的でなければならないことはいうまでもありません。

さらに、多様性を担保することで、企業としてのパフォーマンスを向上する目的もあります。研修では、「自分のことを実力主義だと思っている人物や組織ほど成果を出せないという調査結果もある。バイアスに気づけていないとそれに対して何もできないからです」とメッセージを発します。

そしてさまざまな学術研究の結果を引用しながら、4種類のバイアスを主として取り上げます。「パフォーマンス・バイアス」「パフォーマンス・アトリビューション・バイアス」「コンピタンス／ライカビリティ・トレードオフ・バイアス」「マターナル・バイアス」です。

「パフォーマンス・バイアス」とは、成果を評価する際に生じやすいバイアス。たとえば、履歴書ベースでは、男性的な名前だと雇われる確率が79％なのに、女性的な名前だとそれが49％に下がるというのです。人種についても似たようなバイアスがあります。白人的な名前は黒人的な名前よりも5割も多く面接のチャンスが得られることがわかっているのです。これは8年分の経験に相当する差とされます。そもそも機会が平等ではなく、評価も平等ではない。白人や男性は能力を見込まれて雇用されたり昇進したりしますが、黒人や女性は実績が求められるともいわれます。

「パフォーマンス・アトリビューション・バイアス」とは、仕事の貢献度に対するバイアス。たとえば男女で同じ仕事をしても、男性の貢献度のほうが高く評価され、女性は失敗を責められやすい傾向があるのです。また、男性の成功は実力やリーダーシップに起因すると認められやすいのに、女性の成功は他人の援助、幸運、ハードワークのおかげだとされやすい。これにより女性の自己評価が下がるという2次的悪影響も生じます。会議などで一部のひとの意見ばかりが採用される背景にもこのバイアスの影響があるかもしれないと考えられています。

「コンピタンス／ライカビリティ・トレードオフ・バイアス」は、「能力が高い女性は嫌われる」という、にべもないバイアスのことです。女性のリーダーが〝効果的〟と見なされるのは、そのリーダーがマネジメントに女性的な面を活かしている場合のみであるという研究結果もあります。**要するに、女性は職場において、女性としての好感をもたれながら男性以上の結果も出さなければならない状況にあるということです。**それが雇用にも昇進にも交渉にも影響を与え、強力なリーダーシップを示すことを難しくし、結果、組織内の雑用的仕事をやらせてしまうことにもつながるというのです。女性管理職に対する「あのひとは攻撃的だ」「おしつけがましい」「わがままだ」というような評価も、もしかしたら「女性は控えめであるべきだ」というバイアスの裏返しにすぎないのかもしれません。

コンピタンス／ライカビリティ・トレードオフ・バイアスに関する有名な研究結果があります。コロンビア大学ビジネススクールのフランク・フリン教授とニューヨーク大学のキャメロン・アンダーソン教授が２００３年に行なった実験です。実在する女性ベンチャー・キャピタリストのハイディ・ロイゼンの、「強烈な個性の持ち主で……幅広い人脈を活用して成功した」という物語を、２つのグループの学生に読ませました。ただし片方のグループには「ハイディ」の名前を「ハワード」という男性名に変えて読ませたのです。すると学生たちは、ハイディとハワードの能力に対して同じように敬意を払ったにもかかわらず、「ハイディは自己主張が激しく自分勝手」であるとして、同僚としてはハワードのほうを好ましいと見なしたのです。

「マターナル・バイアス」は、母親や母親になろうとする女性へのバイアス。たとえば、ＰＴＡに加入している母親は79％も雇われにくく、50％昇進しにくく、１万１０００ドルも年収が下がるという研究結果があります。母親は良き労働者にはなれないという強い思い込みがあるのです。母親になる可能性がバイアスにつながることもあります。「母親はかくあるべき」というイメージが多くのひとの無意識の中にあるため、それに反する言動をする母親には強い反発が起こりやすいのです。これがパフォーマンス・バイアスやコンピタンス／ライカビリティ・トレードオフ・バイアスと融合すると、母親であることが成果に対するバイアスや好感に対するバイアスにもつながってしまいます。

もしもグレタさんが男性だったら？

記憶に新しいところでは、当時16歳だったグレタ・トゥーンベリさんという少女が国連で温暖化防止を訴えたスピーチへの批判があります。彼女の主張内容そのものへの批判や彼女の活動に対する批判があるのはある意味当然ですし、私自身、彼女が望むような地球に優しい大人ではないと自覚しています。でも、彼女の話の内容ではなく、彼女の話し方への批判が多かったことが、私にとってはショックでした。「感情的すぎる」「攻撃的な言葉は分断を生む」など。しまいには日本の環境大臣までもがそういう趣旨の発言をして彼女を批判しました。

　勇気をもって世界の大舞台で正論を語った少女に対し、「荒削りではあるけれど、これだけの勇気と意志をもっている若者は頼もしい。世界中の若者が彼女を見習ってほしい。彼女のように自分の考えを堂々と伝えられるひとを育てなければいけない」という前向きな評価がほとんどだろうと思っていた私にとっては、全体として見れば数は少ないとはいえ、一方でまさかこれだけの批判が集まるというのは驚きでした。

　これももしかしたらバイアスのせいかもしれません。まったく同じことを同じように話したとしても、あれがたとえばオバマ前大統領だったら熱弁として前向きに受け入れられたでしょう。ラグビーでもやっていそうな16歳の男の子だったら「頼もしい」と賞賛されたかもしれません。ミヒャエル・エンデの物語に出てきそうな三つ編みの少女が強い言葉を使ったから、多くのひとが勝手にびっくりしただけなのだとしたら、それはバイアスのせいである可能性が濃厚なのです。

フェイスブックでは、社員にこれらのバイアスの存在を認識させたうえで、自分のバイアスに自覚的になるように訴えます。つまり、自分の第一印象やとっさの反応をいきなり表現するのではなく、それらがバイアスによるものでないかと一息おいて疑ってみることです。

また、以下のような環境づくりも大切です。誰かが自らのバイアスに気づいた場合、その告白を非難するのではなく、歓迎すること。自らが自覚できていないバイアスをお互いに指摘し合えるムードをつくること。バイアスに基づく不適切な言動をしてしまった場合には素直に謝ること。

現代社会を生きる誰もが心にとめておくべき教訓ではないでしょうか。

傍若無人なほどの自信とレジリエンス

バイアスの存在は、女性にとって見えない強烈な向かい風になっています。神戸女学院の林先生は**「学校にいたときはどっちかっていうと図々しいタイプだった生徒も口をそろえて言うのは、すごく悩みが大きいということです。#MeTooではないけれど、やっぱりハラスメントとかもあるようです」**と証言します。

学校の中では性差なんて気にしなくていいですから、なんでもできるし、なんでも自分でやらなきゃいけない。でも社会に出て行くと、現実の壁を前にしてやっぱり一度は打ちのめされるというのです。

「たとえばこのあいだ、建築デザイナーをやっている卒業生が来てくれました。建築業界なんてもうほとんど男性社会。若い女性が現場に行っても対等に扱ってもらえないし、セクハラまがいの目にあったこともあるらしく、本当に苦労したようですが、自分の筋を通すってことが大事かなと思います。うちの子たちはもともとの気が強くて絶対黙らないんで、新種の女性みたいに思われるようですけど（笑）」

性差が存在しない女子校という環境でのびのびやっていたからこそ、現実社会に出て行ったときに大きなギャップを感じてしまうということです。では中高生のうちから実社会の現実に慣らされておいたほうが幸せなのでしょうか。

女子《じょし》学院《がくいん》中学校・高等学校の校長・鵜《う》﨑《ざき》創《はじめ》先生は「心が育つ時期に、ある意味守られた、特別な環境の中に身を置くことに意味があるんだなと、女子校に勤務して初めてわかりました。もし社会の縮図の中でこの子たちが育っていったら、一生知らないで終わってしまうものがあります。早く現実に適応させることばかりが教育ではありません」と指摘します。

普段とは違う環境に身を置くことで、気づきを得ることができます。それが新たな問題意識へとつながります。たとえば留学。それと同じ作用が、女子校や男子校に身を置くことにあるというのです。気づけるから「大変だけども変えていこう」と思えるわけです。

だからこそ「女子校にいる間に、ジェンダーの枠組みにとらわれないで自分の興味があることを何でも思いっきりできる経験を通して、社会に出てから少々叩かれても跳ね返せ

る強靱なメンタリティをフル充電しておいてあげたい」と神戸女学院の林先生は言います。そのメンタリティを、具体的には傍若無人《ぼうじゃくぶじん》なほどの「自信」と「レジリエンス」と林先生は表現します。

レジリエンスとは、困難や逆境における心理的な復元力のこと。何が何でも強引に突き進む「折れない心」とは若干ニュアンスが違い、回り道をしたり、ときには少し時間をおいたりしてでもやり通そうと思える柔軟な意志力のこと。

林先生によれば、レジリエンスを身につけるために必要なものは2つ。1つは、チャレンジをバカにされず、失敗してもけなされない、安心できる人間関係。もう1つは、自分自身との真摯《しんし》な対話。自分自身との真摯な対話のために必要なのは、価値観を押しつけられるのではなく、自分自身で徹底的に考え抜く経験です。

その点、**「本校では、ルールで決まっているからというような頭ごなしの指導は一切しません」**と林先生は断言します。生徒からの要望に対しては「なんでそう思うの?」とか「なんでそうしたいの?」と問いかけながらとことん話を聞きます。そうしているうちに生徒の側も自分自身の本当の気持ちや大切にしている価値観がわかってくるというのです。家庭でも見習いたい態度です。

日本には女性が活躍する伸びしろが大きい

依然女性が活躍しにくい社会であるという話をここまでしてきたわけですが、そのこと自体、21世紀のど真ん中を生きるこれからの女性にとってはむしろチャンスだととらえられると言うのは品川女子の漆先生です。

「生徒たちにはよくこういう話をしているんですよ。現在の日本の最も大きな課題は人口減少だと。でもその点、日本には含み資産がある。それが女性がもっと表に出て活躍することだと。２０１９年発表の日本のジェンダー・ギャップ指数は１５３カ国中１２１位と最低レベルで、つまりそこを改善すれば日本の国力は劇的に伸びるわけです」

そう考えたときに、女子教育にはいま2段階の意味があると漆先生は言います。

１つは、今後行なわれる女性に対するポジティブ・アクションのなかで女性だからこそ得られるチャンスをものにするチャレンジ精神を養うこと。もう１つは、旧来の男性的な働き方をそのままなぞるのではなく、女性のための新しい成功モデルを独自に推進していくことです。

ポジティブ・アクションとは、格差是正のために行なわれる積極的な介入です。たとえば国会議員の４割以上は女性にする（逆に６割を超えてもいけない）などと決めることです。実際に海外ではそのようにして男女格差を改善した事例がたくさんあります。

今後日本においても、女性にとって有利な措置がさまざまなところでとられるようになるでしょう。女性がいままで手にできなかったようなチャンスが得られるようになります。しかし問題は、そういうチャンスをつかんでチャレンジする女性が少ないことだと漆先生は指摘します。

「よく、女性は１２０％できる自信がないと『やります』と言わないけれど、男性は７割くらいしか自信がなくても『やります』と言うという話を耳にしますが、経済学者の中室《なかむろ》牧子《まきこ》さんは『まんがでわかる「学力」の経済学』（ディスカヴァー・トゥエンティワン）のなかで、実際に男性のほうがリスクをとりやすい傾向があるという研究を紹介しています」

ただし、単に女性のチャレンジ精神が弱いという話ではないでしょう。家事や育児を男性よりも多く負担していてチャレンジしにくいという社会構造的な要因もあるはずです。

日本の女性の労働力率を年齢別に折れ線グラフにすると、30代前半で一度落ち込むM字を描くことが知られています。これがいわゆる「M字カーブ」です。出産・育児のために女性が労働市場から一時的に退場するのです。

２０１９年7月に総務省が発表したデータによれば、女性の就業者数が初めて３０００万人を突破しM字の凹《へこ》みが小さくなってきています。しかし男女の賃金格差は２０１６年以降73％台で足踏みを続けています。女性雇用者に占める非正規雇用の割合は約55％で、これは男性の約2倍です。共働き家庭の割合は増えているのに世帯収入がさほど増えていないという報道もありました。

かつての専業主婦がパートに出て家計の足しにするという程度の雇用改善でしかないのです。「準専業主婦」という呼び方をされることもあります。

労働政策研究・研修機構によれば、日本の女性管理職比率は２０１６年時点で12・9％。アメリカの43・8％、フランスの32・9％とは大きな開きがあります。まだまだ「女性の活躍」とはいえない状況です。

海外経験×専門性×社交性が活躍の方程式

しかしそんななかでもトップレベルで活躍している女性は何が違うのかに漆先生は着目します。

「男性の場合はまだ学歴の影響がゼロではないと思いますけれど、女性の就職を見ていると、学歴に対する評価が男性とはまったく違います。同じ進学校で学んだとしても、そこに対する労働市場からの評価が男女で違うのです」

漆先生は、卒業生から聞いた話を教えてくれました。

「たとえばある日本の大手電機メーカーでの話です。最終面接に30人残りました。29人は男性です。ほぼ東大か東工大。しかも修士や博士をもっている。唯一の女性であるうちの卒業生はいわゆるMARCHレベルの私大の学部生。そういう選び方をされています。ほかにも工学系に進んだ卒業生が、就職活動については同様の話をしていました」

漆先生に言わせると、その卒業生は「ブリッジ系」の女性だそうです。いわゆる「リケジョ（理系の女子）」でありながらコミュニケーション能力に長《た》けていて、ひととひととをつなげるのが得意。職人的個人プレーになりがちな理系の職場において、高いコミュニケーション能力が評価されたのだろうと分析しています。

また、若くして校長になり学校を再建したことで有名になった漆先生は経済界にも顔が広い。

「そもそも人数が少ないから、日本のトップリーダーの女性同士は自然とネットワーキングが進むようです。公開されているプロフィール情報から挙げると、DeNAの南場智子《なんばともこ》さんは津田塾出身ですよね。ecuteという駅ナカ事業を立ち上げてＪＲ東日本ステーションリテイリングの社長になった鎌田由美子《かまだゆみこ》さんは日本女子大出身。日本のコカ・コーラビジネスにおいて日本人女性初の取締役になった青山朝子《あおやまあさこ》さんはＩＣＵ（国際基督教大学）です。女性の出身校はバラエティーに富んでいます」

経済界のトップで活躍するひとの出身大学を見てみると、男女でまるで傾向が違うというのです。ただし活躍する女性には共通項がありました。

「海外経験があり、なんらかの専門分野をもっていて、社交性が高い」

海外経験があって専門性が高くて社交性もあるとなれば、男性だって労働市場で重宝されることは間違いないでしょう。しかし女性の場合、旧来の〝男性エリート〟とは違うルートを歩んできたひとほど評価されやすいというのです。

「日本の企業の場合、昇進においても男性のほうが有利であることは否めないでしょう。そんな条件のなかで登用される女性は、海外経験があったり、会計士やＭＢＡなどの資格や経験があったりと客観的な評価指標となる何かを備えています。日本初の総合商社女性役員の茅野《ちの》みつるさんは、女子大のスミスカレッジ出身、カリフォルニア州の弁護士資格と実務経験をもっています。女性においては外向性と経済力に相関関係があるという研究もあり、男と女では求められるものが違うので、従来の男性型のエリートコースを歩むことが女性にとっては必ずしも活躍の場を得る近道にはならないということなのでしょう」

女の子の場合、お尻を叩いて最難関大学を目指させるよりも留学や資格取得などに時間とお金を使ったほうが賢い。さらに、外向的かつチャレンジ精神旺盛な女性は男性よりもむしろチャンスをつかみやすいということです。

女子と男子のモチベーションの違い

女性の活躍を促進するには、男性とは異なるインセンティブ設計が必要だとも漆先生は訴えます。

「前述の中室さんの著書のなかでは、徒競走のとき、男の子は競争相手がいるほうが記録が伸びるけれど女の子は逆という研究も紹介されています。女子校で教えている経験からいえば、女子は、勝ち負けや賞が個人でなくチームに帰属するとやる気が出るんですよ。やる気の引き出し方からして男女では違う」

これには明確な事例があることを私も知っています。女子校と男子校の運動会に見られる違いです。

男子中高一貫校では必ず高3から中1までの縦割りのチーム対抗で競技が行なわれます。チームごとの力量はほぼ互角で、青組が優勝するか、黒組が優勝するか、毎年わかりません。ほとんどの共学校でも同じ形式でしょう。でも多くの女子校では学年対抗で運動会が競われます。つまり高3と中1が綱引きで競ったりするのです。当然毎年優勝は高3です。

この傾向に気づいたとき私は、チームの力量差が明らかだと面白くないのではないかと思いました。そこで女子校の先生たちに聞いてまわりました。「なぜ女子校では学年対抗で運動会をするのですか？」と。すると、先生たちは声をそろえて言いました。「女の子は勝ち負けよりもチームでの一体感をモチベーションにするんです」と。また「過去には縦割り方式で運動会をやってみたことがあったけれど、生徒たちから不評で結局もとの学年対抗方式に戻しました」という女子校も複数ありました。

プロジェクトの進め方も違うようです。

「運動会などでは裏方の力仕事ももちろん女子だけでやります。見ていると女の子はすごいですね。一見みんなちまちまとバラバラのことをやっているように見えても、最終的にはそれらを集めて大きなものをつくりあげるんです。一人一人がパートとして動いていて、『私はこれをする、これをする、これらをぜんぶ合わせれば完成！』という構想が各自の頭のなかに自然に事前に共有できているんでしょうね。ああいう進め方は男性の集団

には難しいなと思って、いつも感心して見ています」と四天王寺《してんのうじ》高等学校・中学校の山本《やまもと》富生《とみお》先生。

個人の能力や性格は、性別による違いよりも個人差のほうが大きい。女の子だからこうとか、男の子だからこうとか、性別によるステレオタイプ化がナンセンスであることはいうまでもありません。しかし、**女の子だけの集団と男の子だけの集団では、集団として見た場合のふるまいが大きく違うのです。**

だとすると、旧来の日本の企業が男性だけの集団に最適化された形で制度設計されていまだにそのままであることが女性の活躍を阻《はば》んでいるとも考えられます。

要するに、傾向として女性と男性ではモチベーションの構造が違うのだから、企業におけるインセンティブ設計も男女で変えるべきではないかというのが漆先生の主張です。

「たとえば重要な職務に女性を抜擢《ばってき》する場合、『キミのために』みたいな言い方では女性には断られてしまう確率が高いです。『次世代のためにパイオニアになってほしい』というような言い方をしたほうがリスクテイクしにくい女性の心を動かしやすいんです。みんなのためだと思えるとやる気が出るんですね」

旧来の男性社会は「出世競争」というレースを競わせることで切磋琢磨《せっさたくま》する環境をつく

ってきました。でも女性にはその力学が通用しないというのです。

「グーグルで、優秀なマネージャーに贈られるGoogle Great Manager Awardを日本人で初めて受けたランドバーグ史枝《しえ》さんは当時まだ30代でした。お会いする機会があったので、なんでそんなすごい賞がとれたと思うか聞いてみたんです。そうしたら、『私がみんなを好きだからかな』と答えてくれました。360度評価だから部下からも評価されるんですね。それでその答えです。カッコいいなぁと心から尊敬しました。これからの時代、リーダーシップのあり方も変わってくるのでしょう。競争力よりも包容力なんです」

女性が活躍する企業が他を駆逐する

そのうえで、どうしても出産・育児によるキャリアのスローダウンが必要な時期を、どのように乗り越えるか。

「男性だけで考えると、育休期間を延ばすなど、勤務条件面に目が行きがちなのではないでしょうか。それはもちろん大切なことですが、働きやすさには、しくみだけでなく制度が使いやすい組織文化の醸成も不可欠です。さらに、将来企業のトップリーダーとして活躍する女性を本気で増やそうと思うのなら、『活躍しやすさ』に着目することも必要です。女性の働き盛りにはピークが2つあると思います。第一子出産の平均年齢である30歳にさしかかる手前の20代のころと、子育てが一段落する40代半ば。ですから、女性を早いうちにリーダーに抜擢したり海外勤務をさせたりするなど、戻ってきてから活躍できる土台となる経験を積ませることが大切です。卒業生を見ていると、最近は、条件のいい大企業の内定をもらっていても、外資系企業とかベンチャー企業とか、早めに鍛えられる環境を選ぶ子が目立ちます」

　かつて日本の大企業では、入社してから10年は修業の期間などといわれていました。でもそういう時間感覚の企業には、もはや優秀な女性は来てくれないのです。本書の読者には、企業で管理職的立場にある親御さんも多いでしょう。わが子の教育の参考にと本書を手に取ってくれたのだと思いますが、お子さんの将来のためにも、いまから社内の人事戦略を見直したほうがいいかもしれません。

「家事を女性に任せた男性が生活の大部分を仕事にかけて昇進するのとは違う方法でチャ

ンスを広げる、女性の新たな『成功モデル』が出てくると思います。そういう女性を集め、育成し、実際に活躍の場を与える企業がこれから自然に伸びてくると思います。そうしたらほかの企業もベンチマークしはじめて、日本の企業における活躍の道みたいなものも複線化してくるはずです」

高学歴を背負いつつ地道に修業時代を過ごして30代や40代でようやく出世の階段を上りはじめる着実な方法もあれば、20代でリスクテイクして早く大きな実績を上げる方法もあるという、出世街道の複線化事業。これがうまくいけば、女性の活躍はもちろん、男性の働き方にも選択肢が増えるはずです。20代で積極的に難しい案件に関わり実績を積んでおき、30代で堂々と育休をとるという男性も増えるかもしれません。

出産や育児のために労働条件を緩和するだけでなく、出産や育児のタイミングを見越した積極的なキャリア形成の高速道路を用意することで、女性の活躍の幅が広がるだけでなく、社会全体が変わる可能性が高いのです。

「就職人気企業ランキングも、10年前の顔ぶれといまの顔ぶれは違います。これは、IT企業のデルの日本社長だった方から聞いたのですが、日本に進出した当初に入社したひとたちは、家族から『デル？　聞いたことないような会社は危ないからやめて』と言われたそうです。でもあのときリスクをとった結果、ストックオプションが億単位になったひとも。ましていまはＡＩなどテクノロジーがめざましく進化する時代。過去から未来は予想できません。愛情と過去の経験から失敗をさせまいとする親のアドバイスが、未来へ羽ばたく子供たちの足を引っ張ることもないとはいえません。女の子だから安全志向ではなく、『女の子だからこそチャレンジを！』って感じです（笑）」

大量生産・大量消費の時代のあとにくるもの

「働く」ということが意味しているものがすでに変わってきているのではないかと指摘するのは洗足学園の宮阪先生です。

「かつては大量に生産して大量に消費させることこそが良いビジネスとされ、そこに身を投じることがやりがいとされてきた時代がありましたが、いまはもう違ってきている気がします。仕事そのものに喜びとか幸せを追求しはじめている社会人が増えているような気がするんです。一線で活躍しているひとたちも企業理念も、そういう方向に変わってきていますよね。それは卒業生たちが働いている姿を見ていても感じるんです」

例として、ある卒業生の話をしてくれました。

「彼女は慶應の文学部に行きました。でもインターネットとゲームが大好きで(笑)。モバイルゲームの会社でインターンをしていました。そのままそこに就職して、女性向けゲームでヒット作を出しました。その道で行くんだと思っていたら、いきなり起業したんですね。人間が生きていくために必要なことを考えたら衣食住だと思い至ったらしくて。そのなかでも自分がいちばんわくわくしたのが食で、そこにスポットを当ててみんなに喜びを与えられたらいいなと考えて、レシピを紹介する動画サービスを立ち上げたんです」

それがレシピ動画サービス「デリッシュキッチン」です。

「このまえ学校に来てくれたときに、『いま、どんなことが楽しいの?』と聞いてみたんです。そうしたら『集まってきてくれたひとたち、つまり従業員ですけれど、彼ら一人一人が自分の持ち味を発揮して成長していってくれる姿を見るのがすごく楽しい。さらにいろんなひとがサービスを見て楽しいって思ってくれるのがうれしい』って言うんです。まだ30歳になるかならないかなのにすごいなと思いました」

儲《もう》けたいとか一流になりたいとかそういうモチベーションではなくて、喜びとかわくわくとかそういうのを軸にしているというのです。

「DeNAの南場智子さんもこの間似たようなことをおっしゃっていましたね。喜びをいかに届けられるかだと。だってみんなが喜ぶ顔を見るとうれしいじゃないですかと。それと同じ方向性だなと思いました」

ITやAIは仕事を奪う敵ではなく味方

時代は急激に変化していると誰もが口にします。でもその変化の本質は、単なる科学技術の発展ではなく、人間の人生観みたいなものが変わってきているということではないかというのです。一人一人、ひとつひとつが違うことを認め合う時代。平均値が意味をなさない時代。ものの価値が数値化できない時代。そういう時代においては仕事に向かう姿勢も当然変わるだろうと、若い卒業生たちを見て思うのだそうです。

いわゆる経団連のひとたちがいう〝変化〟とは、新しい技術が出てきたことにより、昭和から続く彼らの商売の土俵の上での戦い方を変えなければいけないという意味合いにすぎません。でも時代の変化の本質は、別の次元で起きている。**働くこと、仕事、ビジネスへの向き合い方自体が変化しているというのです。**

いつの時代も、〝変化〟に対応しようとするのが旧世代のひとたちの特徴です。でも若者は〝変化〟の主体です。旧世代のひとたちが唱える変化への対応に乗っかっていると、むしろ時代の最先端から取り残されていくわけです（でも、旧世代のひとたちのほうがいまだに人数が多いので、なかなか社会全体が変わらない……というのがいまの日本なのですが）。

だからといって技術革新を無視していいわけではありません。さきほどのデリッシュキッチンの例だって、誰でも手軽に動画をインターネット上に配信する技術があったから実現できたものです。そしておそらく、ゲーム業界で培《つちか》った、ひとをわくわくさせるテクニックも、サイト設計に活かされているはずです。

「ＩＴとかＡＩは絶対に発展するので、いままでできなかったことが可能になっていきますよね。それはこれからの時代の若者たちにとって悪いことであるはずがない。大量生産・大量消費の時代が終わって、一人一人がそれぞれの価値観を大切にして発信できるようになった。要するに多様性ですよね」

ソニー、東芝、日立、パナソニック……。大量生産・大量消費の時代において、日本企業は技術革新によって世界のトップを走りました。その成功体験が私たちの社会には色濃く残っています。だから、〝技術立国ニッポン〟としては、ＩＴやＡＩという分野でもトップを走らなければいけないという強迫観念にとらわれます。

しかし一方で、新しい技術のおいしいところを利用させてもらうことで、より多くのひとたちがそれぞれの価値観に基づいた新しいビジネスを始めることも可能になっているのです。あくまでも市井《しせい》の個人としては、競争の結果生まれた技術をいかに小回りよく柔軟に、自分の価値観に沿った形で利用するかを考えたほうがメリットは大きいかもしれません。そのとき武器になるのは、技術力ではなくて、ひととは違う発想です。

「アメリカのビジネススクールに進んだ卒業生も来てくれました。彼女が面白いことを言っていました。日本企業が英語を公用語にすることの是非が、ケーススタディのテーマに設定されたことがあったと。そこで彼女は日本企業も英語を公用語にしないと生き残れないという主旨の発表を自信をもってしましたと。発表も上手くできたはずだと。でも、まわりからは『がっかりした』と言われてしまったそうなんです。何でだと思います？　欧米人の発想と同じだからだと言われたそうです。そのとき彼女は、欧米人とは違う発想を期待されて自分がそこにいたということに気づいたんです」

多様性の社会では、自分自身がひととは違う何かにならなければいけません。「グローバル化」の名のもとに標準化してしまったら、多様性の社会では存在価値を発揮できないのです。**みんなと同じモノサシで自分を大きく見せるより、ひととは違ったモノサシをもつことが価値を発揮する時代だというのです。**昭和の経済大国としての成功体験を引きずる世代にはなかなか受け入れがたい発想かもしれませんが、その成功体験こそを手放すべきタイミングがいまなのだと私は思います。社会のモデルチェンジをするために。

グローバルとダイバーシティのジレンマ

時代のキーワードとして「グローバル」と「ダイバーシティ」をいろいろなところで目にします。「グローバルでダイバーシティな時代」なんて使い方もされます。しかしこの

２つのキーワードは下手をすれば矛盾する概念です。

グローバルとは、ひと・もの・ことが国境を越えて行き交うことをいいます。ルールや価値観が均一化していくニュアンスがあります。一方、ダイバーシティは、価値観や個性の多様化です。違いこそに価値があります。

〝グローバル人材〟という日本ビジネス界に独特の表現があります。定義はあいまいです。それぞれの立場のひとがそれぞれのニュアンスで使用しています。下手をすると、世界のどこに行っても羨望の眼差しを受ける、汎用性の高い分野においてまんべんなく高スペックを誇る人材という意味で使われかねません。もっと平たく、みんなができることを誰よりも高いレベルでできるようなひとといってもいいでしょう。

でもその概念は、多様性とは相反するものです。思考力抜群で、統計に強くて、プレゼンも上手くて、もちろん英語も流暢《りゅうちょう》に扱えるというのはたしかにかっこいいですけれど、それって将来ＡＩロボットがやってくれそうですよね。これからはＡＩが仕事を奪うとかSociety 5.0だとか喧伝《けんでん》するひとたちの見事な論理的プレゼンテーションを見ていると、まるで最先端のＡＩロボットがしゃべっているのを目の当たりにしているような気分になります。「なるほど、十数年後には彼らの仕事こそをＡＩがやってくれるようになるのだろうな」という皮肉が頭に浮かびます。

ダイバーシティの時代というならば、朱に交わっても赤くならない強烈な個性こそが価値をもつはずです。世界のどこに行っても自分自身の軸を失わず、判断基準を惑わされない。汎用性の高いモノサシでひとを比べるのではなく、お互いの違いを認め、尊重し合える。そういうひとこそが、「グローバルでダイバーシティな時代」の住民であるはずです。

卒業生たちの活躍を語る女子校の先生たちの話を聞いていると、若者たちはもうそのことを肌で感じて知っているように思います。旧時代の土俵での勝負にいまだにこだわる大人たちが余計な入れ知恵をしなければ、これからの時代を生きる子供たちは自然に新しい時代をつくっていくのではないかという気がします。

これからの時代のヒントが大正時代にある

私たち親世代のほとんどが〝グローバル人材〟ではありませんから、「これからはグローバルな時代だ」と言われると、いったい何が起こるのかと不安になるかもしれません。でも、歴史から学ぶことはできます。

いまからちょうど１００年前、大正時代の日本国内で起こったことがこれから世界規模で起こるのだと考えると、イメージがわきやすいのではないでしょうか。

大正時代、第1次産業から第2次産業そして第3次産業へと産業構造が変化し、サラリーマンという働き方が生まれ、交通網も発展し、地方から都市部への人口流動が加速しました。それまで地方では、それぞれの地域が独特の文化を発展させそれぞれの経済圏を保っていましたが、良くも悪くもそれらが溶け込み、日本全部が均一化していきました。

便利な世の中になった一方で地域性は薄れ、昭和・平成という時代を通して地域による経済格差は広がっていきました。そしていま、東京一極集中の社会構造がさすがにいびつであると気づき、国を挙げて地方再生に取り組んでいます。その一環として、大都市部における私立大学の定員厳格化も行なわれています。地方から都市部への人口流入を少しでも食い止めようという施策です。

それと同じことが、これから世界規模で起こります。そこで2つの方針が考えられます。

1つは、大正時代に故郷を離れたひとたちと同じように、早く〝都市部〟に移住していち早くチャンスをつかみ、生活の拠点を築くことです。世界的な経済の中心地といえば、ニューヨークでしょうか。アジアでいえばいまシンガポールに勢いがあります。中東ではドバイの発展も目覚ましい。そういうところに今後お金もひともますます集中していくことでしょう。まるで重力に吸い寄せられるように。ただしその先には、日本において都市部と地方の地域格差が開いたように、世界規模での地域格差がますます開く可能性があります。それはすなわち戦争の危険性を高めることにも直結します。

もう1つの方針は、大正時代以降地方都市の文化や活力が減退していった反省に立つことです。すなわちあえて〝地方都市ジパング〟に留まり、欧米とは異なるエスニックな文化を誇る地域としての存在感を高めることです。〝地方都市ジパング〟などと自虐的なことを言うと、「ジャパン・アズ・ナンバーワン」の時代の成功体験が強い世代からはまたまた叱《しか》られそうですが、社会を守るためにはときに状況を冷静に見極める力が重要であることは、太平洋戦争の経験からも明らかでしょう。

個人として〝勝ち組〟になることを優先するか、社会として支え合い生き抜くことを優先するかという大きな判断です。一見前者の選択のほうが勝率が高いように見えるかもしれませんが、これは弱肉強食の世界に身ひとつを投じることでもあります。生き残った強者のなかでさらに競争がくり返されるバトルロワイヤル社会では、全員がいつかは負けます。後者のリスクは、日本社会全体が泥船になってしまったときに逃げ場がないという点です。

2つの方針のそれぞれの長所・短所をよく見極めて、しかるべきタイミングで状況に応じてどちらにでも動ける準備をしておくことが、当たり前ですが、最善の策となることでしょう。欧米文化の猿まねをするのではなく、独自の文化的バックボーンを礎《いしずえ》にしつつ世界との接点をもつのです。

たとえば個性的な日本酒をつくる酒蔵が日本の田園風景の中にあったとして、そこからフランスのミシュラン三つ星のレストランと直接取引することも可能な時代です。おいしいお酒を造る杜氏《とうじ》さんはその専門性を高めればいい。そのかわり誰かインターネットに詳しいひとと、あるいは広報・ＰＲに詳しいひとがその酒蔵の情報を発信すればいい。外国を相手にするならば、外国語に堪能なひとを仲間に加えればいい。スワヒリ語の達人がいれば、アフリカ大陸全体を市場にすることだってできるかもしれません。

実際私の知り合いの新潟出身の女性は、新潟の地場産業である食器製造業のメーカーと組んで、世界の高級レストランに食器を販売する事業で成功しています。

かように、インターネット技術の発展で、日本の地方都市の企業が世界に向けて直接ビジネスをすることも可能になってきました。**国内か海外かという二択の発想にとらわれるべきではない時代なのです。それがまさにグローバルという意味なのですから。**

そんな時代のなかで、ひとの喜ぶ顔が見たいという純粋なモチベーションとそれを実現するための柔軟な発想があり、何より仲間がいれば、意外に食いっぱぐれることは少ないのではないか。それがこれからの時代の成功モデルではないか。先生たちが語ってくれた数々の卒業生たちに関するエピソードを聞いていると、そんなふうに思えてきます。

第2章

自分を守るための
性教育と平和教育

Point

ネットやSNSの普及が、性犯罪やセクハラの温床にもなっています。#MeTooに象徴される時代に女の子が自分の身を守るための知識や態度はどうやって身につければいいのか。こんな時代だからこそ、性教育と平和教育に、人権教育の観点から取り組む必要があります。

立場を利用した卑怯な行為

性犯罪においては女性が被害者になるケースがやはり圧倒的に多い。内閣府が２０１７年に実施した「男女間における暴力に関する調査」によれば、無理やりに性交等をされた経験がある女性は７・８％。なんと、13人に１人という高い割合です。男性は１・５％でした。電車内の痴漢行為でもやはり女性がターゲットになりやすい。特に中学生については、制服を着た女の子に被害が多いという調査結果もあります。憤《いきどお》りのあまり文字にするのもはばかられますが、幼児に対する性的いたずらの事件も、残念ながらあとを絶ちません。

２０１７年には、アメリカで女性の俳優が映画プロデューサーの男性によるセクシャルハラスメント（以下、セクハラ）を告発したことをきっかけに「#MeToo」と呼ばれる世界的なムーブメントが起こりました。セクハラの被害者が被害を隠すのではなく、「私も！」

と声を上げ、それ以上の被害を食い止めようという運動です。

　これをきっかけに、日本でもセクハラや性的いやがらせに対する意識が一気に高まりました。そして政界、芸能界を中心に数々の被害が報告されるようになりました。社会的な意味で何らかの強い立場にいるひとが弱い立場のひとに対して性的な関係を迫ったり、性的な発言をしてからかったりする卑怯《ひきょう》な構造が基本です。

　なかでも女の子の親としてあまりにも身近で看過《かんか》できないと感じるのが、就活生をターゲットにしたセクハラです。いわゆるＯＢ訪問（ＯＧ訪問の場合もあるかもしれない）に来た学生に対し、選考上有利になるような話をちらつかせて性的な関係を迫ったり、就活とは関係ない夜の食事に付き合わせたりするケースが数々報告されたのです。

　先行き不透明な時代に必死で就職先を探している学生に対してたかだか数年早く社会に出たというだけの相対的強者の立場を利用した、しかも彼らが文字通り世間知らずであることにつけこんだ、卑劣極まりない行為です。強い憤りを覚えます。

　また、家出などなんらかの事情で夜の街を徘徊《はいかい》している中高生の女の子をターゲットにして、寝る場所を提供するという口実で自宅やホテルに連れ込んで、見返りに性的関係を迫るというケースも多数報告されています。

女の子が家出したときのリスクは甚大

かつて教育虐待に関する取材をしていたとき、**家出のリスクは女の子のほうが圧倒的に高いという話を聞いたことがあります。**

教育虐待とは、教育の名のもとに行なわれる虐待です。物理的な暴力を伴う場合もありますが、言葉や態度による暴力もあります。教育熱心な家庭でこそ起こりえる虐待の一種です。子供がどれほど苦しんでいても、親は本気で「子供のため」だと思っていますから、親自身に虐待をしている自覚がない。

親子間の葛藤《かっとう》が強まりすぎると子供は、精神疾患を発症したり、家庭内暴力におよんだり、家出してしまったりします。最悪の場合は、殺傷事件や自殺にまでおよびます。

以下、家出をした少年少女をかくまう「シェルター」の運営者から聞いた話です。

男の子が長期間の家出をすると、万引きなどの軽犯罪を起こして警察沙汰《ざた》になることが多い。大ごとにはなりますが、そこで第三者の介入を受けて親子がしっかり向き合えば、子供も立ち直ることができる。しかし女の子が家出をするとすぐに悪い男性が寄って来て、性的な関係を迫られたり、性犯罪の被害に遭ったりする。場合によっては覚醒剤を打たれ、借金を抱え込まされ、風俗店で働かされてしまうケースもあるという恐ろしい話を聞きました。

一度闇社会に連れて行かれてしまうと奪還は非常に難しいのだそうです。昨日まで制服を着て有名私立中高一貫校に通っていたまじめな女子が、一夜にして闇社会に連れて行かれ、戻ってこられなくなってしまうことが現実にあるのです。

知らない大人と簡単に接点を保つことができてしまうソーシャルネットワークサービス（以下、ＳＮＳ）が性犯罪の温床になっている場合も多いようです。少女の側から「＃家出」「＃泊めて」など、ハッシュタグと呼ばれる「目印」を付けてＳＮＳに投稿することで、右記のような行為を目的とする大人がすぐにターゲットを発見できるのです。中年男性がＳＮＳを通じて知り合った小学生を自宅に連れ込み数日間にわたって監禁していた事件は世間に衝撃を与えました。

ただでさえ性的なことに関して大人になりきれていない大人が多い社会において、ＳＮ

Ｓという新たなツールがそのような大人と子供たちをつなげてしまう機会を拡大しています。このような状況から女の子をどう守るのかも、親としての大きな課題です。

男の子が思春期にＳＯＳを発する場合には、まったくの無意識のうちにわかりやすいトラブルを起こしますが、女の子の場合はそれがいままでなかなかできなかったから、無意識のＳＯＳが内に向く摂食障害のような形で出てきやすかった。しかし**いまの女の子たちは、ＳＯＳの新しい発し方の１種類としてＳＮＳを活用しているのかもしれません。親を悲しませたい、親にショックを与えたいという無意識が、新しいタイプのトラブルを引き起こしているのかもしれません。**

ＳＮＳにはまる女の子とゲームにはまる男の子

現在では中学生くらいから子供にスマホを買い与えるご家庭も多いでしょう。その際、男の子の親が心配するのはゲームにはまってしまうことです。一方、女の子の親が心配するのはＳＮＳにはまってしまうことです。ざっくりいえばですけれど。

ＳＮＳがきっかけで生じるトラブルとしては、右記のように心ない大人たちとの接点ができてしまうこと、不適切な動画や画像の流出、友人同士の人間関係のこじれ、いじめなどがあります。

スマホやＳＮＳそしてインターネット全般についての注意喚起は、どんな学校でもほぼ例外なく行なっています。でも「学校で教えられることには限界がある」とも神戸女学院の林先生は嘆《なげ》きます。

「ＳＮＳでもリアルでも、個人情報を明かさないとか、いざというときははっきりと強い言葉で断るとか、幼いころから自分を守るスキルは身につけなければいけないと思います。どんなに優秀なひとでも有名なひとでも#MeTooというような意味では簡単には信用できないわけで、危険が身近にあるという意識をもってもらいたい。それはしっかりと幼いときからご家庭で教えていただきたいという気持ちがあります。好奇心が強い子や社交的な子は、そこが思わぬ落とし穴になることがありますから」

よほど抑制的に使用しないと、ＳＮＳは人間の心の中を明け透けにしてしまう道具となります。自分でも気づいていない本音や弱さがダダ漏れしてしまい、ひとの弱さにつけい

るひとを吸い寄せます。

しかし現実問題として、ＳＮＳに関する警戒心は大人だって怪しい。大人だってフェイクニュースにまんまとだまされたり、良かれと思ってデマを拡散してしまったり、匿名で誰かを非難する罵詈《ばり》雑言《ぞうごん》を書き殴ったり、ウケを狙って不適切な動画や写真をシェアしてしまったり、「いいね！」ほしさに四六時中自分の行動を写真に撮って公開したり、「いいね！」のためにわざわざ映《ば》えるものを買ったり食べたり、よく知らないひととつながってしまったり……。

親がそのような状態なら、口だけで「ＳＮＳには気をつけなさい」と言ったところで説得力はありません。

「自分は大丈夫」と思っている親御さんも多いのではないでしょうか。しかし私が見る限り、親御さんでもＳＮＳがもつ影響力への想像力が足りないと感じるケースは多々あります。

人間関係の距離感を狂わせるＳＮＳ

先日、私と同業の30歳の女性からこんな話を聞きました。初対面の年上の男性と仕事の打ち合わせをしたそうです。それなりに立場のある男性です。その後のやりとりはメールよりもＬＩＮＥのほうがやりやすいと言われ、ＬＩＮＥを交換しました。最初は仕事に関するものだったＬＩＮＥでのやりとりが、次第にデートのお誘いに変わってきました。「これはダメだ」と思って彼女はＬＩＮＥでのやりとりを打ち切ったそうです。

ＬＩＮＥだとメールよりもカジュアルに〝会話〟できます。ある程度の情報量の用件をまとめて、〝お手紙〟のようにやりとりするメールとは心理的な距離感が違います。ＬＩＮＥでのやりとりは基本的にカジュアルなものになりますから、よく知らないひとから馴れ馴れしい言葉をかけられても「そんなもんかな？」と感じてしまいやすい。「一線を越えた」と判断する基準が難しい。

だからこそ、ＬＩＮＥはリアルな世界でもともとよく知っているひと同士が使用するコミュニケーションツールだという認識を、大人も新たにする必要があるでしょう。あだ名で呼び合えるようなそれくらい近い関係のひと同士でないと、ＬＩＮＥの交換は危険だと私は思います。

フェイスブックのメッセンジャーやショートメッセージなども同様です。いわゆる「チャット」と呼ばれる形式で気軽におしゃべりができてしまうツールでは距離感を保ちづらい。家族、親戚、同級生、会社の同僚など、気心知れた相手とのコミュニケーションには便利ですが、仕事の取引先とのやりとりに使う道具ではないと私は思います。

大人もやってる危ない使い方

こういうことを主張すると、「堅苦しい」とか「効率が悪い」とか「だから生産性が低いんだ」などという反論があるかもしれません。でもそれは、「自分はＳＮＳがもつリスクを完全にコントロールできているから、メリットだけを享受できるのだ」と考えているからこそ成り立つ論理です。

社会がそれをスタンダードだとしてしまうと、「嫌だな」とか「ちょっと危険だな」とか感じていても、それを断りにくくなってしまいます。立場の弱いひとほどリスクにさらされやすくなります。

たとえば自動車の運転の得意なひとなら、技術的な意味では、時速１２０キロで高速道路を疾走しても、無事故で目的地まで行けるのかもしれません。しかしそれをスタンダードにしてしまうと、そのスピードについていけない運転者は常に身の危険を感じていなければいけませんし、事故に遭うリスクも増大します。

同様に、私のように良くも悪くも言いたいことをズバズバ言えてしまう中年男性なら、誰とＬＩＮＥを交換しようがメッセンジャーでやりとりしようが、怖い思いをすることはまずありません。でもそれと同じ感覚でたとえば若い女性がＬＩＮＥを交換すると、さきほどの30歳の女性のように不快な思いをすることがあるわけです。ましてや子供たちが巻き込まれたら大事故につながる可能性が高いのです。

だから私は、よほど親しい相手でない限り、「仕事の連絡はメールに統一しています」

と言ってＬＩＮＥやメッセンジャーでのやりとりは基本的にお断りしています。子供などの弱者の立場に立った場合、社会のスタンダードがそうあってほしいと思うからです。これは親だけでなく、良識ある大人たち全員の責任です。

ついでに苦言を呈するならば、たとえばフェイスブックには「友達申請」という機能がありますが、あれはもともと「お友達になってください」という意味ではなくてリアルな友達同士をつなぐことを意図した機能です。しかし友達というほどでもない関係のひとや直接会ったこともないひとから友達申請が届くことがときどきあります。

でも考えてみてください。もし自分の子供が会ったこともないひとからの友達申請を受け入れていたら厳しく注意するでしょう。だとしたら大人同士でもそういうことはすべきではありません。

「まっとうな大人なら会ったこともないひとに友達申請をしない」「知らないひととつながろうとする大人はおかしい」という感覚を社会の常識にしなければ、子供が危険を察知することなどできないのです。

だから私は、直接会ったことのないひとからの友達申請は原則的に無視させてもらいます。リクエストメッセージがついていたとしても、原則的にお断りします。偉そうにしていると思われるかもしれませんが、そういうつもりではありません。そうやって見知らぬひと同士が気軽につながれてしまう世の中にしてはいけないと思うからです。社会の常識あるいは文化の問題です。そのやりとりを子供たちが見ているからです。

子供を注意するだけでは子供を守れない

子供たちにまねしてほしくないことは、少なくとも子供たちが見られる場所では、大人だってすべきではありません。言わずもがな、ＳＮＳは子供たちが見られる場所です。大人と子供のゾーニングは事実上不可能です。そこら中でタバコを吸っている大人たちがいるレストランで、子供に煙を吸うなと言っても無理なのです。

子供にさせたくないことをＳＮＳ上でやりながら「ここは大人の世界だから子供は入ってはいけない」と子供に言い聞かせる社会にするのか、ＳＮＳは子供も見ている場所であると認めたうえで子供にまねしてほしくないことは大人もしないことを常識とする社会をつくるのか。そういう問題だと私は思います。

ネット社会との関わり方は学校でしっかり教えるべきだという意見があります。それも正しい。学校からは「家庭でもしっかり話し合ってください」と言われます。それも正しい。でも前提として、大人社会で適切な運用がされていなければ、子供に対してどんなに正論を説いたところで焼け石に水です。子供たちが加わってきても大丈夫なＳＮＳ文化を、大人たちが率先して構築していかなければなりません。

さらにいえば、これはＳＮＳに限らず便利だけど危険なツールを使う場合の鉄則だと私は思います。**自分にはそれを使いこなす自信があったとしても、それと同じ使い方を社会のみんながした場合に、誰かを危険に陥《おとしい》れる可能性はないのかという想像力は常にもっていなければいけません。**

たとえば原子力発電。優秀な科学者・技術者は「私なら原発のリスクをコントロールできる」と自信があるのでしょう。でも未来永劫《みらいえいごう》自分と同じような優秀な科学者や技術者がそのリスクを管理してくれるとは限りません。同様に政治あるいは憲法。ある政治家は「私は倫理観も正義感もしっかりしているから、大きな権限をもたされても適切に行使することができる」と思っているのかもしれません。しかし未来永劫そのようなひとが権力を握るとは限りません。

大人社会の気の緩みが、ＳＮＳのちょっとした使用方法にも表われているように思えてなりません。そのしわ寄せを真っ先に受けるのはどんな社会でもたいがいの場合、子供をはじめとする社会的弱者なのです。

性に対する認知の歪み

同じことが性教育にもいえます。

子供たちを性被害から守るため、積極的な性教育をという声が強まっています。その声は間違っていないと思います。

でもそれ以前に、性の問題についてしっかり向き合っている大人が、この社会にどれだけいるでしょうか。性について子供に語る資格がある大人がどれだけいるでしょうか。

政治家、官僚、芸能人などの性的なスキャンダルの数々には目を覆《おお》いたくなります。就活生をターゲットにしたセクハラが多いことはこの章の冒頭で触れたとおりです。誰しもが聖人君子のように振る舞えと言うつもりはありませんが、それにしても同じ大人としてあまりに情けない。

若い子が、大人な異性に魅力を感じることはまだ理解できます。しかし逆に、年相応に性への感受性が高まっている大人であれば、肉体的には成熟していても精神的にはまだ未熟な中高生を性の対象には見ないでしょう。

それなのに、相手が中学生や高校生と知りながら、本気で恋に落ちたわけでもないのに性的関係をもとうとする、場合によってはお金の力を利用してまで性的に支配しようとする大人は何なんでしょうか。

子供たちの性の云々《うんぬん》以前に、大人の性への感受性こそ幼稚に見えるのです。先ほど、性的なことに関して大人になりきれていない大人が多いと述べたのはそういう意味です。

大人社会における性に対する感受性が幼稚であれば、子供たちの性に対する感受性も健《すこ》やかに育つわけがありません。性が単なる享楽の対象として消費されるような社会では、子供たちに限らず社会的に立場の弱いひとたちが性的な意味でも搾取される側に置かれかねません。

もともと社会的なレベルで存在した性に対する認知の歪みが、ネットの普及とあいまって、子供にまで強い悪影響を与えているように思えてなりません。

子供がネット上でのトラブルに巻き込まれないためにとか、子供が性犯罪にあわないためにと、大人は子供たちを適切に教育しようとしますが、そもそも問題をつくっているのはどう考えても大人たちです。空襲の中で「爆弾にぶつからないように歩きなさい」と指導するようなものです。子供のせいではありません。空襲をやめる方法を考えなければ、いつまでたっても被害はなくならないでしょう。

人権教育としての性教育

吉祥女子中学・高等学校は50年以上も前から独自の性教育に取り組んでおり、それが1つの特徴にもなっています。

「積極的に性教育をやっているというと、昔はなかなか世の中に受け入れられませんでした。それがいままでは学校説明会で性教育の話をしても前向きに評価してくださるご家庭が増えましたし、昨年はＮＨＫのハートネットＴＶで大きく取り上げてもらいました。性教育に関する世の中的な関心が高まっていることを感じます」と吉祥女子の綾部先生は言います。

　吉祥女子では、「性とは生である」という理念に基づいて、社会、理科、家庭科、保健体育の教科横断で性教育に取り組んでいます。

「性教育って“How to Sex”みたいに思われがちじゃないですか。でも性について考えるということは、どうやって自分が生きていくかとか、他人をどう大切にしていくかということを考えることがベースになきゃダメなんです。要するに人権教育です」

「性」という概念を「ＳＥＸ」ととらえるのか「人権」の一部ととらえるのかで、視野がまるで違います。**最近は海外でも「性教育**（sex education）**」という呼び名から、「セクシュアリティ教育**（sexuality education）**」や「包括的性教育**（comprehensive sexuality education）**」という呼び名に変わってきています。**

「性の健康世界学会」が発表している「性の権利宣言」によれば、「セクシュアリティ（性）は、生涯を通じて人間であることの中心的側面をなし、セックス（生物学的性）、ジェンダー・アイデンティティ（性自認）とジェンダー・ロール（性役割）、性的指向、エロティシズム、喜び、親密さ、生殖がそこに含まれる。セクシュアリティは、思考、幻想、欲望、信念、態度、価値観、行動、実践、役割、および人間関係を通じて経験され、表現されるものである」とのこと。

ＷＨＯやユネスコは5歳くらいから子供の発達段階に応じたセクシュアリティ教育を始めるようにと提唱しています。しかしその内容は、いきなり性行為について直接的に教えることではありません。単なる〝知識〟として性行為そのものや、まして避妊や性感染症に関する情報を幼児に教えることは、幼児に二次方程式や古文単語の活用を教えるようなものです。それではまるで早期英才教育ならぬ早期性教育になってしまいます。

ＷＨＯとユネスコが提唱している5～8歳児向けの性教育では、小学校低学年なりの経験をもとに、「セクシュアリティ」に関する幅広い概念を理解するきっかけを与えます。家族、友人関係、人権、ジェンダーなど幅広いテーマを扱うなかで、誰がどのような形で自分の体に触れるのかを決める権利を誰もがもっているということや、インターネットに潜むリスク、生殖器の名称や機能、精子と卵子が結合して子宮に着床《ちゃくしょう》して命が生まれること、人間は人生を通して誰かと近くにいることや自分の体から喜びを得るのが自然であることなどを学びます。

ガイドラインによればその後、小学校高学年、中学生、高校生の年齢別に、同様のテーマについて解像度を上げていきながらくり返し学ぶしくみになっています。性行為や避妊、性感染症予防だけを取り扱うのではありません。これが包括的性教育です。

このガイドラインは学校で活用されることを前提につくられていますし、たとえば性教育の先進国といわれるフランスでも、親や教師のように日常的に子供に接する大人よりも一見さんの専門家のほうが性教育は行ないやすいとされているようです。できれば家庭でもこのガイドラインを参考にして、少なくともセクシュアリティについてネガティブな印象を子供に刷り込まないように気をつけるべきですが、何から何まで親の責任だと抱え込まなくてもよいようです。

ただし、日本の性教育はさきほどのガイドラインに比べると大変貧弱です。**グローバル教育もＩＴ教育も結構ですが、21世紀を生きる子供たちを育てるというのであれば、性教育も国際水準を意識する必要があるのではないでしょうか。**その点、吉祥女子のように「しっかりと性教育も行ないます」と堂々と言える学校は誠実で頼もしいと思います。

性教育を通じて縛りから解放する

綾部先生は続けます。

「いま、グローバルとかダイバーシティとかいわれているわけですが、つまり歴史とか文化的背景とかが違うひとと協働していかなきゃいけないということですよね。だとすれば、男女の枠を越えて他人を大切にするとか他者理解とかができることが大前提になるはずです」

ひとはそれぞれに違う。でもそれぞれがもつ生きる尊厳や基本的人権は同じ。そういう視点で性についてもとらえることで、「女子力」や「女の子らしさ」などという縛りから解放される。

「保健体育で取り扱うのはもちろんなのですが、たとえば男女雇用機会均等法は視点を変えて社会科でも取り扱います。家庭生活という観点からは家庭科で。生殖という科学的な観点からは理科で。もちろん避妊についても、ＬＧＢＴｓのような性の多様性についても学びます。本校の生徒たちはそういうところもしっかり勉強しているので、いろんな違いを受け入れられるようになっていると思います。ジェンダーの縛りから解放されるという流れでいうと、男女だけが縛りではありません。私は卒業間際の生徒たちに、借金してでも海外に行きなさいと言っています。広い世界に自分をさらす機会をもちなさいということ。男女を超えて、国も超えて、いよいよ『じゃあ、自分とは何だろうか』ってことを見つけてほしいなって。そのような視点をもっていれば人間として、性別も人種も国籍も宗教も超えて共通のゴールにたどりつけるんじゃないかって思いますね」

　道徳的な観点から「違いを認めましょう」「思いやりをもちましょう」と言うのではなく、「人権」という普遍的な概念の一部として性をとらえ、その延長線上に、性別だけでなく人種や国籍や宗教の違いも超えることができるはずだというわけです。

必要なのは道徳教育よりも人権教育

道徳とは「こういう場合にはこうふるまうべきだ」というような、ある文化において経験的に得られた、人間関係をなめらかにする集合知のようなものです。似た意味をもつ言葉に倫理がありますが一般的に、道徳は個人の良心に関わるニュアンスを感じさせ、倫理は社会規範的ニュアンスを感じさせる言葉です。

一方「人権」は近代以降に発見された概念です。すべてのひとが人権をもっている。基本的人権と表現してもいいでしょう。

道徳や倫理が文化依存的だったり相対的だったりするのに対し、人権は文化的背景にも人種にも国籍にも障害の有無にももちろん性別にも影響されない絶対的な価値です。

たとえば、全体のために個人を犠牲にすることが〝道徳的に正しい〟とされる可能性があります。一方、全体のために個人に犠牲を強《し》いることは、人権の立場からは原則的に認められません。何が主体か、どこに視点を置くかによって、道徳から導き出される正解は変わりますが、人権は普遍です。それが道徳と人権の違いです。結果的に似ている部分も多いですが、根本的な発想が違います。

いじめ、虐待、経済格差などの問題も、道徳的な観点から見るとそれぞれの立場での〝言い訳〟が成り立ってしまいます。しかし人権の観点から見れば、どんな立場からでも目指すべき共通のゴールが見えてくるはずです。

教育虐待の取材を重ねるうちに、私はひとつの気づきに達しました。虐待と聞くと「なぜわが子にそんなことができるのか?」と心が痛みますが、教育熱心な親御さんたちは「あなたのため」という極めて道徳的な判断から子供に過度な教育を強いていました。彼らに足りないのは道徳心ではなく、人権意識だったのです。いじめの構造も同様です。自分たちの道徳心に照らし合わせれば〝冗談程度〟のつもりが、実は相手の人権を傷つけていることに気づけていないのです。

日本では近年、道徳が教科化されました。いまの政府は意図的に人権教育を避け、道徳教育や主権者教育という言葉で置き換えているように私には感じられます。しかし**この混迷する時代に必要なのは、道徳教育よりも人権教育だろうと私は強く感じています。**

性教育を人権教育だととらえる観点は、まさに包括的性教育の考えと一致します。現在のヨーロッパでも先進的とされる性教育のコンセプトを、吉祥女子では50年以上も前から先取りしていたことになります。

一見豊富な選択肢とガラスの天井

セクシュアリティの1つの延長線上に結婚・出産があり、さらにその先に育児・家事が続くと考えられますが、特に育児・家事についての負担が女性に偏《かたよ》りがちだという現状もあり、それが女性のキャリア形成の大きな課題になっています。

「高1くらいで『自分たちの生き方』といって、クラスでディスカッションをします。そのなかには『どのような仕事を選ぶか』に加え『結婚しても仕事を続けるか』というテーマが話題になることもあります」と綾部先生。

おそらく男子校で「結婚しても仕事を続けるか」がディスカッションのテーマになるこ

とはない。現在のこの社会においては、男性の場合、働かないという選択肢がほぼ認められていないからです。近年では「専業主夫」という言葉も使われていますがまだ物珍しさのニュアンスを含んでおり、一般的な選択肢ではありません。女性にとっては「専業主婦」という選択肢もあり、その点では女性のほうがライフスタイルの選択の幅が広いともいえます。

「いま、昔より多様化してきていると思うんですよね。特に女の子の生き方としては、いろんな可能性が広がってきているので、男の子以上にチャンスがあると思ってほしい」と四天王寺の校長・稲《いな》葉《ば》良《りょう》一《いち》先生。

「人生は選択の連続ですよね。子供のときのほうが選択の幅が広くて、大人になるに従って選択の幅が狭《せば》まっていくというのが普通ではないかと思います。そういう意味では、女性のほうが転機は豊富にあります。結婚、出産、子育て、子供の中学受験など、そういうきっかけのたびに、女性は自分の人生を決定していくことができます。昔は、女性の選択肢は限られていましたが、いまはそうではありません。勉強するというのも、選択の幅を広く保つことにつながります。そこで最初から一点を目指すのではなく、幅をもった選択をしながら、その選択基準にブレない軸さえあれば、間違った選択にはならないはずです。10年先を見据えられるひとはそれはそれでいいですが、無理して10年後のことを決める必要はないと私は思っています。大事なのは、何を選択するかではなく、選択した後に、『あの選択で良かったんだ』と思えるように努力をすることです」と言うのは豊島岡の竹鼻先生。

ただし、選択の幅は広くても、たとえば管理職になるとか経営者になるとか政治的指導者になるという観点では、女性の不利は明らか。トップを目指そうと思うと見えない天井があって、そこから先に進めない。いわゆる「ガラスの天井」です。

「日本では女性のほうが幸福度が高くて、男性のほうが幸福度が低いというデータもありますよね。いまの社会では男女それぞれに期待される役割があって、男女それぞれがそれに縛られていますよね。コインの裏表だなと思います」と言うのは桜蔭の井上《いのうえ》瑞《みず》穂《ほ》先生。

偏差値最強カップルが陥るジレンマ

コインの裏表が固定されるのではなく、ライフステージに応じて柔軟に入れ替わるような社会になるといい。そのためには社会制度の整備も必要ですが、人生のパートナーとの協力も不可欠です。つまり将来のパートナー選びも重要です。

その点について私は、２０１８年の拙著『ルポ東大女子』のなかで優秀な女性が構造的に抱えるジレンマを描きました。

東大に行くような実力をもつ女性でも、心のどこかで「男性にリードしてもらいたい」「夫は、自分よりもちょっとだけ優秀な頼りがいのあるひとでいてほしい」という思いをもっていたりします。現役の東大女子の口からは「（付き合うなら）早慶くらいまでならいいけど、それより下はちょっと無理」というような本音がぽろっと出てしまったりもします。女性よりも男性のほうが優位であるほうがカップルとしておさまりがいいという社会的な刷り込みの表われだと考えられます。

となると、出身大学のランク的にいえば、東大女子にはその上がない。つまり東大男子と結婚するしかない。実際、過去のデータでは、東大出身の既婚女性のうち、東大出身の男性と結婚した割合は約7割に上ることがわかっています。いわゆる「東大婚」です。

しかし〝偏差値最強カップル〟にも落とし穴があります。ふたりの社会的立場が同様に高いので、いざ子供ができたときにどちらがキャリアを〝犠牲〟にするかについて葛藤が強くなりやすいのです。東大婚のジレンマです。

収入に大きな差があれば、収入の低いほうが一時的にキャリアを中断するという判断に至りやすい。しかしふたりの力量が拮抗《きっこう》していれば合理的な判断は難しい。そこで男性優位の社会では、女性が女性であるという理由で、男性よりも育児・家事を多く負担することになりやすいのが現状です。

しかも東大男子は労働市場での競争力がもともと高いし、総じて競争心も強い。結婚して子供ができても、キャリアという競争に負けるわけにはいかない。そうやって40年間走り続けることをまわりからも期待されています。

優秀な女性が最強のパートナーをもつことによって、自分のキャリアをあとまわしにし

なければいけなくなることがあるというのは皮肉です。

ちなみにこれは日本社会に限ったことではなさそうです。イギリスのバース大学の研究でも「女性パートナーの収入が世帯年収の40％を超えると男性のストレスが大きくなる」「女性が男性よりも高収入であることで関係がぎくしゃくし、女性が仕事を続けることや昇進を目指すことをあきらめる可能性がある」といった結果が得られています。

これからの、共働きが前提の社会では、自分の人生やキャリアだけを考えていたらどこかできっと行き詰まる。選択肢の多い人生を送るうえでは、人生の伴侶とのパートナーシップが鍵となります。

「だから、そこでもやはり〝男女〟ではなくて〝ひと同士〟という観点に立つべきなんです。ともに人生を歩みたいとお互いに思えるひとといっしょに生活すればよいと思います。男だからこうするとか、女だからこうしなきゃじゃなくて。結婚して、子供もいて、立派な仕事をして、出世して……という自分の自己実現のために都合のいい相手を選ぶのではなくて。結局はひと同士の問題なんですよ。だから人生のパートナーは男女に限らず、男男でもいいし女女でもいいでしょう」と吉祥女子の綾部先生。

21世紀を生きるパートナーシップとは？

自分の自己実現のために必要だからそのひとと結婚するのではなく、そのひとのことを大切に思っていて人生をともに歩みたいと思うから結婚する。その大切なひとが何かを実現したいと思っているのなら、できるだけサポートしてあげたい、あるいはいっしょにそれを実現したいと思う。それだけ大切に思っているひとが困っていたら、少しでも力になるために自分にできることを探す。それが人生における本当のパートナーシップだというのです。

「あ、この男性、いい学校出ているし社会的ステータスもあるし、家事や育児なんてできなくていいから……」。昔でいう「3高」みたいな打算で相手を選ぶ。あるいは、「あ、女の子としてあの子かわいいからいっしょに歩きたい」というアクセサリー感覚で相手を見る。「料理も得意だし優しいから、いい母親になってくれそうだ」という〝理想の女性像〟

を当てはめる。これはまだ未熟な結婚観、人生観に基づいて、その時点での〝都合の良さ〟で相手を選んでいるだけ。

これからの先行き不透明な時代には、そのようなパートナーシップはもろいでしょう。世の中の風向きが変わり、それぞれの自己実現の方向性が変化すれば、お互いの都合も変わります。結婚した時点で都合がよかった相手が、いつの間にか都合の悪い相手になってしまうことだってあるのです。それならそれで、それぞれに新しい人生を歩むという意味で離婚という決断をすればよいわけですが。

打算だけでなく、もちろん愛し合って結婚してはいるのでしょうが、まだ自分を中心とした人生しか見えていない。多くの結婚はたいがいそういう感じでひととして未熟なところからスタートするのでしょうが、どんなときもパートナーとして向き合い、ときにはぶつかり合うなかで、お互いにひととして成長し、さらにはパートナーシップそのものが成長する……。綾部先生は続けます。

「だから私も生徒たちには『1回はパートナーといっしょに暮らしてみたら?』って言いますよ。すると生徒も『2回じゃダメですか?』って言うから、もちろん2回でも3回でもいいけどという話をします。とりあえず1回はそういう経験をすると、やっぱり人生は自分だけのものじゃないということに気づけますからね」

逆にいえば、結婚に限らず誰かと人生をともに歩むという経験をすれば、誰もが多かれ少なかれ葛藤やストレスを感じるはず。それはおそらく、男女のパートナーシップに限ったことではありません。**いま現在男女でパートナーシップをなすことが圧倒的に多いので、そこで生じる家事・育児・仕事をめぐる葛藤があたかも社会的なジェンダーの問題の表出であるように見えてしまいますが、女女のパートナーシップでも男男のパートナーシップでも同じことが起こるだろうと予測できます。**

だとすれば世間一般的な夫婦のワーク・ライフ・バランスの問題も、ジェンダー・ギャップを解消するだけでは解決せず、お互いにひととして本当のパートナーシップを構築できるようにしておかなければいけないということになります。

性教育と平和教育をつなぐ道

女の子が自分の身を守りながら自己実現を果たすために、雙葉《ふたば》中学校・高等学校の校長・和田《わだ》紀代子《きよこ》先生は「普遍的な価値観として命の大切さを学んでほしい」と表現します。

「命を大切にっていっても、殺したり傷つけたりしちゃいけないということだけではありません。相手を尊重する、相手が大事にしている理念をちゃんと理解する、人間一人一人を大切にするという意味です」

生きるとか死ぬとかいうだけの意味ではなく、「生きている輝き」や「ひととしての尊厳」のようなニュアンスを含んだ意味で「命」という言葉を使っています。

言葉で「命を大切にしましょう」と言うだけなら誰にでもできます。でも雙葉では、それをさまざまな活動を通して生徒たちの体に染み込ませます。その機会が、創立以来取り組む社会奉仕活動であり、宗教の時間であり、スピーチやディベートの機会であり、そして広島での平和教育です。

命の大切さが理屈ではなく感覚としてわかるひとになれれば、命を粗末にすることもなくなるはずだという考えです。「命」を「人権」に置き換えても意味は変わりません。

雙葉だけでなく女子学院も神戸女学院も、平和教育を教育の大きな柱に据えています。体験的な平和教育を通して、戦争という愚かな行為のなかで粗末に扱われた命に思いをはせ、人間一人一人の尊厳の大切さを思い知り、さらに生徒同士で感じたことと考えたことを共有し、ときに意見をぶつけ合い、自分の生き方を考えるうえでの指針とする。そうやって得た価値観を自分の信念として、それに従って生きなさいと言って卒業生たちを送り出します。**「何ができるか」よりも「何を大切にして生きるか」が重要であるというのが共通するメッセージです。**

女子学院の鵜﨑先生は次のように言います。

「これも平和教育の一環として学ぶことなのですが、論理的に考えて出てくる答えというのは、自分の心の声と違うことがあるわけですね。『本当にそれをしてしまっていいのか？』という心の声が聞こえたときに、『いや、論理的に考えたらこちらのほうが正しいんだから、私は間違っていない』ということで、心の声のほうを押し殺してしまうことが非常に怖いんですね。なぜ自分の心は『待て！』と言うのか、一度立ち止まって振り返って考えることができる感性を養うことが重要なんです」

話を戻せば、性教育も論理では割り切れない題材を扱った教育です。吉祥女子の包括的性教育のメッセージも究極的には、雙葉や女子学院や神戸女学院の平和教育のメッセージと同じであると、私はとらえました。

性教育と平和教育は実は1本の道でつながっているといえるのではないでしょうか。それを愛というのかもしれません。

個人の奥深いところにある性を出発点にするか、戦争という世界的悲劇を出発点にするか。どちらから出発しても究極的には、「自分を大切にすることは他人を大切にすることであり、他人を大切にすることは自分を大切にすることであり、お互いを大切にできるひとが増えれば自分だけでなく社会全体が守られる。社会が守られれば自分自身もまた守られる」という結論にたどりつきます。

中学受験の旅人算《たびびとざん》ではありませんが、どちらから出発してもどこかで同じ地点を行き交い、反対側の出発点に到着する。そこで再び折り返し、逆向きの風景を見ながら、もと来た道を戻る。そうやって自分と世界をつなげていく。そういう旅を、10代のうちにとりあえず一往復は経験させておくことが重要であると、名門女子校の教育は教えてくれているような気がします。いつまでも親が両手を広げて子供を守るのではなく、自分の身は自分で守れる子供に育てたいのならば。私の知る限りでは、それ以外に近道はなさそうです。

時代が求めるのは競争より共栄ができるひと

21世紀は「競争」ではなく「共栄」の時代だといわれています。急速なグローバル化が進んでいるだとか、ＡＩが仕事を奪うだとかいわれていますが、それらは「経済状況」の変化であって「時代」の変化ではありません。

ソニーや東芝やトヨタよりグーグルやアマゾンやテスラがかっこいいだとか、東大や京大よりもハーバードやオックスフォードを目指すべきだとかいう話は、所詮《しょせん》20世紀の価値観の延長線上の議論にすぎません。

経済状況の変化ばかりに意識を奪われ、経済合理性や損得勘定に縛られ、人々の感性あるいは感情が劣化し、民主主義までが危うくなっていることこそが、いまここにある危機の本質だと私は思います。まさに「命」の大切さが軽視されているということです。本当の意味でいまから手を打たなければいけないのはそこだと私は思います。

しかしいまだに「これからの時代に勝ち残るために必要な最先端のスキルを獲得するには……」という競争の文脈で教育が語られがちです。それでいいのでしょうか。それこそ時代遅れの発想のように私には感じられます。

ＧＡＦＡ（Google、Amazon、Facebook、Apple）のような最先端のグローバル企業で活躍するひとたちももちろんすばらしい。「経済状況」がそのようなひとたちを必要としているのは間違いありません。一方で、「時代」が必要としているのは、「命」の大切さに自覚的なひとたちではないでしょうか。

だからこそ、平和教育が必要であり、性教育が必要であり、つまるところ人権教育が大切なのではないでしょうか。そうすれば、いじめ、虐待、経済格差など、さまざまな社会問題が少しずつ解消していくのではないかと思います。そうやって世の中は少しずつ良くなっていくものなのではないでしょうか。

第3章

大学受験や
就職よりも大事なこと

Point

女の子は、国語や英語や音楽が得意だけど、数学や理科が苦手というのは本当なのでしょうか？　国際的な学力調査のデータはそうではないことを示しています。変化の激しい時代に学校で学ぶべきことの優先順位は何か？　偏差値やビジネススキルよりも大事なものがあります。

男子より女子の読解力が高いのは世界的傾向

ＯＥＣＤ（経済協力開発機構）が３年おきに実施する国際的な学力調査ＰＩＳＡ（学習到達度調査）の結果を男女別で見比べると明白なことがあります。

ＰＩＳＡは「読解力」「数学的リテラシー」「科学的リテラシー」の３部門で行なわれますが、「読解力」においては、すべての参加国で女子の平均点が男子の平均点を上回っているのです。

２０１８年のＯＥＣＤ全体での読解力のデータを見ると、全体の平均点が４８７点であるのに対し、女子のほうが男子よりも30点も成績が良い（図2）。男の子よりも女の子のほうが読解力があるというのは世界的に見て疑いのない事実です。

日本の受験勉強でも経験的に知られている傾向だと思います。女の子のほうが国語の成績がいい。中学受験の模試を実施する業者の分析によれば、中学入試問題でも男子校より

図2｜PISA調査における得点の男女差

	読解力		数学的リテラシー		科学的リテラシー	
	日本	OECD平均	日本	OECD平均	日本	OECD平均
2000年	▲30点	▲32点	—	—	—	—
2003年	▲22点	▲35点	9点	11点	—	—
2006年	▲30点	▲39点	20点	11点	3点	2点
2009年	▲39点	▲39点	10点	11点	▲11点	0点
2012年	▲24点	▲38点	18点	11点	11点	1点
2015年	▲14点	▲27点	14点	8点	13点	3点
2018年	▲21点	▲30点	10点	5点	3点	▲2点
上記の平均	▲25.7点	▲34.2点	13.5点	9.5点	3.8点	0.8点

※▲は女子が高く、それ以外は男子が高いことを示す。
※OECDのPISAデータベースサイトから作成。

女子校のほうがより複雑な読解問題が出される傾向にあることがわかっています。

「女の子のほうが登場人物の心情などを推し量るのが上手だから」「論理的な文章なら男の子も負けないだろう」という憶測も昔からあるのですが、ＰＩＳＡの結果が示すのはそういうことではありません。

ＰＩＳＡにおける「読解力」とは「リーディング・リテラシー（Reading Literacy）」の訳で、非常に論理的・実用的な読解力を示しているのです。日本語でふだん使われる読解力とはだいぶニュアンスが違います。

逆に理数系は男子のほうが得意だという印象があるかもしれませんが、少なくとも科学的リテラシーにおいてはほとんど男女差はありません。ＯＥＣＤ全体の平均点を見ると、２０１８年調査では初めて女子の成績が男子を上回りました。数学的リテラシーに関しても、読解力の男女差をひっくり返すほどの男女差はありません。**つまりトータルで見れば、女子のほうが勉強ができるというのは全世界的な傾向なのです。**

イギリスの16歳が受ける全国統一テストの成績上位50校のうち、約半数が女子校で、約３割が男子校、残りの２割が共学校だったというデータもあります。イギリスの高校全体に占める男女別学校の割合はおよそ６％程度と推計されます。成績上位校には男女別学校が多く、しかも女子校の存在感が大きいのです。日本のセンター試験の学校別平均点を出したら、おそらく同じ傾向が出るのではないかと思います。

イスラム圏で女子の理数力が高いわけ

さらにＰＩＳＡのデータを細かく見ると大変興味深いことがわかります。２０１８年の

図3 PISA調査における得点の国と地域別男女差（2018年）

順位	読解力	
1	カタール	▲65
2	アラブ首長国連邦	▲57
3	フィンランド	▲52
4	マルタ	▲49
5	イスラエル	▲48
6	キプロス	▲47
7	ノルウェー	▲47
8	ギリシャ	▲42
9	スロベニア	▲42
10	アイスランド	▲41
11	ブルガリア	▲40
12	タイ	▲39
13	リトアニア	▲39
14	ジョージア	▲38
15	アルバニア	▲38
16	セルビア	▲36
17	香港	▲35
18	スロバキア	▲34
19	スウェーデン	▲34
20	チェコ	▲33
	OECD平均	▲30
50	イタリア	▲25
51	ポルトガル	▲24
52	韓国	▲24
53	アメリカ	▲24
54	アイルランド	▲23
55	シンガポール	▲23
56	ウルグアイ	▲23
57	ベラルーシ	▲23
58	マカオ	▲22
59	台湾	▲22
60	ベルギー	▲22
61	日本	▲20
62	イギリス	▲20
63	チリ	▲20
64	コスタリカ	▲14
65	パナマ	▲14
66	北京・上海・江蘇・浙江	▲13
67	メキシコ	▲11
68	ペルー	▲11
69	コロンビア	▲10

順位	数学的リテラシー	
1	カタール	▲24
2	タイ	▲16
3	サウジアラビア	▲13
4	マルタ	▲13
5	フィリピン	▲12
6	アイスランド	▲10
7	インドネシア	▲10
8	イスラエル	▲9
9	アラブ首長国連邦	▲9
10	キプロス	▲8
11	ブルネイ	▲8
12	北マケドニア	▲7
13	ノルウェー	▲7
14	マレーシア	▲7
15	ヨルダン	▲6
16	フィンランド	▲6
17	香港	▲6
18	アルバニア	▲5
19	ジョージア	▲4
20	ドミニカ共和国	▲3
	OECD平均	5
59	モンテネグロ	8
60	ウルグアイ	8
61	エストニア	8
62	ブラジル	9
63	アメリカ	9
64	クロアチア	9
65	ハンガリー	9
66	ニュージーランド	9
67	ポルトガル	9
68	日本	10
69	北京・上海・江蘇・浙江	11
70	メキシコ	12
71	ベルギー	12
72	イギリス	12
73	オーストリア	13
74	アルゼンチン	15
75	イタリア	16
76	ペルー	16
77	コスタリカ	18
78	コロンビア	20

順位	科学的リテラシー	
1	カタール	▲39
2	ヨルダン	▲29
3	サウジアラビア	▲29
4	アラブ首長国連邦	▲26
5	フィンランド	▲24
6	キプロス	▲21
7	マルタ	▲21
8	タイ	▲20
9	イスラエル	▲19
10	北マケドニア	▲19
11	アルバニア	▲16
12	ブルガリア	▲15
13	ジョージア	▲14
14	ギリシャ	▲11
15	モルドバ	▲11
16	ノルウェー	▲11
17	スロベニア	▲10
18	ドミニカ共和国	▲10
19	モロッコ	▲9
20	香港	▲9
	OECD平均	▲2
59	ウクライナ	2
60	オーストリア	2
61	スペイン	2
62	イギリス	2
63	日本	3
64	ベラルーシ	3
65	イタリア	3
66	ウルグアイ	3
67	チリ	3
68	シンガポール	4
69	韓国	4
70	ベルギー	5
71	ポルトガル	5
72	ハンガリー	6
73	メキシコ	9
74	コスタリカ	9
75	アルゼンチン	10
76	北京・上海・江蘇・浙江	12
77	コロンビア	12
78	ペルー	13

※▲は女子が高く、それ以外は男子が高いことを示す。
※OECD（2019a）の表から作成。
※男女差の上位下位それぞれ20を掲載。
※読解力については、筆記型調査で実施した国を外して作成。

科学的リテラシーの男女差データを見ると、女子のほうが成績が良い国・地域の上位は、1位カタール、2位ヨルダン、3位サウジアラビア、4位アラブ首長国連邦、5位フィンランドと、イスラム教の国・地域が上位を占めるのです。数学的リテラシーの男女差データでも、ほとんどのイスラム教の国・地域において、女子の成績が男子の成績を上回っています（図3）。これが何を示すのか。

イスラム教の国・地域では男女別学が基本です。つまりこれらの国・地域の女子はみんな女子校で学んでいます。そうすると、科学的分野においても女子のほうが成績が良くなるのです。一方で、5位にフィンランドが入っていることからもわかるように、ジェンダー・ギャップの小さい国・地域ではやはり女子の科学的リテラシーが高くなる傾向がわかっています。

これらのことから推測すると、**男女平等でない社会の共学環境では、女子は科学や数学の力を十分に発揮できていない可能性があるのです。**

考えられる理由は2つ。

1つは、男女共学の環境で、女子は国語、英語、音楽などが得意であることが期待され、逆に理科や数学は苦手であると思い込まされやすいこと。性別による社会的偏見が共学の教室の中で再生産されている可能性があるのです。いわば「共学のパラドクス」です。実際海外での複数の研究で、男女別学校の生徒のほうが教科に対する「女らしい」「男らしい」という固定概念にとらわれにくいことがわかっています。

もう１つは、女子校においては女子の特性に合わせた教育が行なわれている可能性です。素人が見てもなかなか違いがわからないのですが、女子校の先生たちは女子には女子の教え方があると口をそろえます。

日本の教育は男の子向きにつくられている

「明治時代から、日本の教育はどうしても男の子中心ですよね。それで男の子は結果が出ます。そうすると、結果は出ているので教育は間違っていないと思われて、結局女性は冷や飯を食わされるというか。女の子に向いた教育というものを受けられないまま『私は向いていない』と勘違いしてしまう」と言うのは四天王寺の稲葉先生です。稲葉先生はもともと理科の教員です。

たとえば、**女子はプレッシャーに弱く競争を嫌う傾向にあり、男女混合の競争的な教育環境が心理的な意味で女子に不利に働いている可能性が複数の研究で指摘されているようです。**

過酷な受験競争に象徴される競争的な教育環境を改善するようにと、日本は国連から再三注意を受けています。もし日本の学校の競争圧力が低下すれば、これからの時代はますます女子の成績が向上する可能性があります。

「男の子は多少突き放すくらいの距離感が良いといわれていますが、女の子は共感して寄り添って安心感を与えてあげないとなかなか力を発揮できない傾向があると思います。大人数の前で先生が講義して『あとは自分でやれ』みたいに突き放すような従来の日本型の教育では、女の子がついてこない」と稲葉先生。

だとすると、これからは女子も男子と伍《ご》していかなければいけないと考えた父親が、自分が育てられた感覚で娘を厳しく育てようとすると、娘の可能性をつぶしてしまうおそれもあるということです。昔から「獅子《しし》はわが子を崖《がけ》から突き落とす」などと言われますが、それはもしかしたら男の子向けの教育方針かもしれません。

「よくスパイラル型のカリキュラムってありますよね。それぞれの単元を完全に理解していなくてもとりあえず先に進んで、何度もくり返すことで定着させていくという。でもこれも女の子には全然ダメです。女の子は基本まじめだから、一つ一つ理解しないと不安になって次に進めない。もちろん個人差が大きいですから、なかには男の子と同じようにスパイラル型でもパーッとできてしまう子もいるのですが、現場で教えている感覚から言わせてもらえばそういうタイプの女の子は1割いるかいないかですね。ほとんどの子が、きちんきちんと段階を踏まえて、ちょっと手を差し伸べてあげるくらいがいちばん伸びる」

同じく四天王寺の中川《なかがわ》章治《しょうじ》先生は「女の子は目標が定まるとその過程をきっちり仕上げることを好みます。だから不完全だとなかなか前に進めません」と補足します。

これについては私も興味深い話を聞いたことがあります。コンピュータを使った個別学習システムをさまざまな学校に提供している企業のひとから聞いた話です。

その個別学習システムでは、生徒一人一人の理解度に合わせて毎日カスタマイズされた課題が出されてそれをこなしていくしくみになっているのですが、男子と女子の課題の進め方に違いが見られるというのです。

意外なことに、女子のほうが締め切りに遅れる傾向があるといいます。男子のほうが期日までに終わらせる。でも、期日を守っている女子は成績がいい。男子の場合、期日は守っていても成績は必ずしも良くない。「男子は適当でもいいから終わらせようとする。女子は中途半端に終わらせることができない」との分析でした。

男子基準の教育環境が社会の危機を招く!?

学習環境の違いは進路にも影響します。

「本校では約7割が理系に進学します。学校としてそう仕向けているわけではなくて、自ら自信をもって理系に進む。本当は五分五分でいいと思うんですけれど」と四天王寺の稲葉先生。

四天王寺に限らず、女子校では総じて理系選択者が多いのは事実です。

「女子が理科を苦手なんじゃなくて、私たちから言わせてもらえば教え方が悪いんですね。きちんと寄り添って教えてあげれば伸びるんです。私も物理を教えてきましたけど、女の子にもいい発想をする子がいますよ。私たちが当たり前だと思っていることをふっと質問されて、あっと思わされるようなすばらしい発想をする生徒がいます。そういういいものを伸ばしていくというのが、われわれの本来の教育の姿ですから、女の子に寄り添った教え方というのが大事だなというのは身に沁みて感じています」

学校教育だけではなくて社会全体のしくみも男性向けにつくられていますから、そのなかで普通にしていると女子のほうが力を発揮しにくい。逆の表現をすれば、男性がゲタを履かされている社会。ベースとして男性側にちょうどいい温度に設定されたまま、多くの女性は暑すぎるんだか寒すぎるんだかという思いをしているということです。ですから**同じ能力の男女が同じパフォーマンスを出そうと思ったら、女性のほうがもっと頑張らなきゃいけないというのが、いまの社会だといえます。**

現在、国は、すべての大学生・高等専門学校生を対象にした数理・データサイエンス・ＡＩ教育プログラム認定制度を構築しようとしています。年間約50万人を対象とする大規模な構想ですが、従来の発想で教育環境を整えたら、女性にとってはそれがボトルネックになる可能性だってあります。

女子校というのは、社会の中で例外的につくられた性差がない空間ですから、「女だから」「男だから」という意識から解き放たれます。おそらく意図的に男子とは違う教え方をしなくても、女子だけで学んでいればそれだけでも自然に女子の学力がそれまでとは違った伸び方をするのだろうと考えられます。

その意味では、女子校に通わせることに大きなメリットがあるように感じられるでしょう。でも現実的には共学校に通う女子が大多数です。全国の高校に占める女子校の割合はたったの6・1％なのです。

ですから、**もし女の子が学校の理科や数学の試験で芳《かんば》しくない点をとってきたときは、その子が理数系が苦手なのだとレッテルを貼るのではなく、指導方法が合っていないだけかもしれないという可能性を疑い、それを克服する方法を個別に考えてみるといいでしょう。**たとえば家庭において学年順位は気にしないと決めるとか、学校の宿題をあえて無視してマイペースで学習を進めるようにしてみるとか、可能なら女子だけ数人のグループで理科の先生に補習をしてもらうとか。

「勉強しなくていい」とは言わない

２０１９年の拙著『21世紀の「男の子」の親たちへ』の取材と今回の本の取材でいちばん印象的な違いは、生徒の日ごろの勉強態度への評価でした。

男子校の先生たちは「大きな声では言えませんが、男の子なんて元気ならそれでいいじゃないですか！」と笑い、特に中高一貫校における低学年のうちの勉強態度についてはさほど気にしていないようでしたが、女子校の先生たちはちょっとニュアンスが違うのです。

「勉強しなくていいとはやっぱり言いません。だから結構いろんなものを課してますけどね。提出物なんて多すぎるんじゃないかと私は思うんですけど、先生たちはできるはずだと言っています」と雙葉の和田先生。

「女の子の場合、イーブンペースでコツコツやる子が一定数いるんですよ。だからまった

く勉強しないと、気づいたら落ちこぼれみたいなことになりかねません。しっかり予習・復習だけはしてほしいと思います」と神戸女学院の林先生。

豊島岡には頻繁に小テストを行ない、基礎学力の取りこぼしをさせないしくみがあります。「**生徒たちの〝やらされている感〟は少なからずあるのではないかと思います**」と竹鼻先生。

ただし中学生のうちから大学受験勉強をしろと言っているわけでは決してありませんし、さきほど示したように、女の子は競争やプレッシャーを嫌う傾向が男の子よりもさらに強いですから、中間試験や期末試験の点数や順位のことで細々とした注文を付けることはむしろ逆効果になる可能性があります。

女子学院の鵜﨑先生は「**神様から自分に与えられた才能すなわち賜物《たまもの》をひとと比べないというのがキリスト教の考えです。ですから多くのキリスト教学校では成績順位を出したり序列を付けたりしません**」と言います。たしかに神戸女学院も雙葉も、成績での順位は出していません。それも女子の教育環境として好ましいのかもしれません。

桜蔭の齊藤先生は「**中1や中2のうちはいろんなことを試してみて、『今回の中間がうまくいかなかったのはあれがダメだったんだ』とか自分で考える経験をしてほしい。効率**

よくいい点数をとることとかを最初から考えてほしくないですね。それだと結局あとに何も残らないですから」と言います。あまり早くから受験のための勉強にとらわれてしまうのでは、テストで点数はとれたとしても、本来中高生のうちに学ぶべきことが十分に学べないということです。

四天王寺の稲葉先生は理科の先生らしく「中高生まではｉＰＳ細胞みたいなもの」と表現します。**特定の機能を強化するのではなく、将来どんな役割を担うことになっても通用するような汎用性の高い能力をバランス良く育てておくべきだということです。**変化の激しい時代においては将来自分がどんなことを武器にするかわからない。だからこそ、汎用性の高い能力の土台を築いておくべきだということです。

では、中高生のうちにやっておくべき本質的な勉強とはどういう勉強でしょうか。

人間の成長は人類の進歩をくり返す

女子学院の鵜崎先生は**「本校ではリベラル・アーツを重んじます」**と言います。リベラル・アーツとは、古代ギリシャの時代から伝わる「自由七科」の流れを汲む、幅広い学問・教養のことです。かつて日本語では「学芸」と訳されていました。

「リベラル・アーツ自体を大切にするというよりも、何かに特化してしまわない教育を大切にするという意味なんですね。近道をさせないんです」

近道をさせないとはどういうことか。以下、私なりの解釈を書きます。

「個体発生は系統発生をくり返す」といわれます。たとえばヒトの胎児は胎内で、まるで生物の進化の歴史をたどるように成長しますよね。この世に「おぎゃー」と生まれ出てからも、個体発生が系統発生をくり返しているともいえます。ただしそこから先は、人類の進化の歴史をたどります。

赤ちゃんははじめ、言葉をもちません。知能も低い。その代わりに宇宙を五感で認知していきます。音楽や踊りに反応することから他者とのコミュニケーションを始めます。原始の人類がそうであったのと同じです。

やがて言葉を獲得します。言葉を使って自分を取り囲む宇宙を理解しようとしはじめます。「なんで空は青いの？」「水平線の向こうには何があるの？」。おそらく古代のひとたちも同じ疑問をもっていたことでしょう。彼らはやがて文字をもち、時空を超えてコミュニケーションができるようになります。

中世になると、これらの素朴な疑問を、科学の力が解き明かしていきます。幼児期が古代人に相当するとすれば、大人は現代人。その端境期《はざかいき》に当たる思春期は、さしずめ中世から近代における人類の知的進化を追体験する時期です。教育課程でいえば、中学校・高校がちょうどそれに相当します。

人類が数百年をかけて獲得した知的財産を一気に身につけなければならないのだから大変ですが、過去の人類が獲得した知的財産の文字情報の部分だけを頭に詰め込んだり、最新機器を用いて中世の科学者の試行錯誤をスキップしてしまったり、特定の分野だけを勉強したりするのではあまり意味がありません。

大事なのは、実際に中世や近代の人々が経験した試行錯誤を、面倒でも一通り追体験し、その経験を体中の細胞に染み込ませることです。中世の科学者が素朴な実験器具を駆使して科学的真理に迫ったのと同じような体験をすることに本質的な意味があります。これが鵜﨑先生の言う「近道をさせない」なのでしょう。

このように古代人の状態にあった子供を現代人に育て上げることこそ、中学校・高等学校の役割だと私は思います。

それをして初めて本当の現代人として人類のフロンティアに立てるのです。そこから先は未知の世界。学問的あるいは技術的に人類の知的地平線を広げる役割を担ったり、21世紀社会という環境から糧《かて》を得る方法を考えたりするのです。

スポーツにたとえれば、中高生のうちに足腰を鍛えておくようなものです。足腰さえしっかりしていれば、試合に勝つための細かなテクニックはあとから身につけることができます。逆に早い段階でテクニックに溺《おぼ》れ、足腰を鍛えることをおろそかにすると、後伸びしませんよね。

学校に「教科」という枠組みがある理由

学校における「教科」の概念は、リベラル・アーツを源流としています。人類の先達が手分けをして発展させてきた各学問分野のエッセンスを、短期間で一通り学べるように練りに練ったものが「教科」です。ものすごい発明品だと私は思います。「実社会には教科の枠組みなんてないのに、学校の中にだけ教科という概念があるのはナンセンスだ」というひとが昔からいますが、とても残念です。

少なくともいわゆる「普通科」の学校は、世の中で直接的に役立つことを教えてくれる職業訓練所のような場所ではありません。そもそもこの場合の「普通」とは「凡庸的」という意味ではなく「普遍的」という意味です。人類の叡智《えいち》を一通り吸収しそれを応用すればどんな社会になっても生きていけるということを学ぶ場所だということです。

でもたしかに、単に重要語句や公式を丸暗記する勉強だけではダメです。テストで点をとることにしか役立ちませんから。では学校でさまざまな教科を学ぶ意味はどこにあるのでしょう。

たとえば1つの事柄を、数学的な前提から思考するのか、理科的な前提から思考するのか、社会科的な前提から思考するのか、国語的な前提から思考するのか、音楽的な前提から思考するのかによって結論が変わることがよくあります。**それぞれの教科の視点から見ることで、世の中は初めて立体的に見えてくるのです。**そしてさまざまな教科を学ぶことはさまざまな視点を得ることになります。

目の前に1つの卵があるとしましょう。それを家庭科的な視点から見れば、「これで卵焼きをつくりましょう」みたいな発想になりますし、そのなかでも栄養学的な観点から見れば、「卵にはどんな栄養素が多く含まれていますか？」という話になります。数学的な観点から見れば、「この卵の容積を量るにはどうしたらいいか？」という話題も可能です。社会科的な視点からは、「なぜこの卵が、スーパーで1個20円で売られているのか。どこで生産されてどうやって流通して、どこで値段が決まるのか」という話をすることが可能です。理科的な観点からは「そもそもこの卵が何の卵であるかを、どうやったら確かめることができるか」という問いを立てることも可能でしょう。

もっと切実なテーマでいうなら、原子力発電をどうとらえるかという問題も、社会科的な観点、理科的な観点、国語的な観点のどこに立脚するかによって議論の方向性が変わるはずです。

ものごとをただ漠然と見ているだけでは本当に見ていることにはならないのです。もしさまざまな教科の視点を知らずにただ世の中を見ているひとがいるとすれば、そのひとは自分の好きな視点から見える部分だけを見ているだけです。

あえて意図的に角度を変えて見てみることで、物事の本当の姿が浮かび上がってくるのであり、そのためにあえてそれぞれの教科の視点から世の中を見る訓練を積むことに意味があるのです。その集積がいわゆる「教養」になります。

逆にいえば、学校の各教科の先生はそれぞれの専門分野から世の中を見る方法さえ教えればいいと私は思います。「数学的に見ると世の中はこう見えるんだよ」「外国語的に見ると世の中はこんなにヘンなんだよ」「理科的に見ると世の中はこんなに不思議なんだよ」「社会科的に見ると世の中はこんな構造なんだよ」「国語的に見ると世の中はこんなに味わい深いんだよ」というように、それぞれの学問分野から見える風景とその面白さを語ってくれればいい。

子供たちは、１日６時間教室で「へー、おもしろいなー」という具合にそれをぼーっと聞いているだけでも、相当な教養が得られるはずです。本来学校とはそういうところなのだと私は考えています。テストで点をとるためみたいなせこい観点で教科を教えるから、教科が無味乾燥になり、学校がつまらなくなるのです。

個性が異なる2タイプの教員の協働が必要

教科の枠を取っ払い、アクティブ・ラーニングやプロジェクト・ベースド・ラーニング（以下、ＰＢＬ）の形式で授業を行なうべきだという声もあります。私はこれに、半分賛成で半分反対です。

さまざまな視点を身につけるという意味で教科学習は必要です。ですからすべての授業を合科型のＰＢＬにするのには反対です。ＰＢＬは面白いですから、それなりにユニークで派手な教育成果が短期間で出ると思いますが、バランスの良い視点が得られませんから、後伸びが期待できません。裾野の小さな砂山みたいなものです。

だからといってＰＢＬが不要だといっているわけではありません。教科学習と並行して、ＰＢＬもやったほうがいい。学校のカリキュラムに「総合的な学習の時間」があるのはそういう理由ですよね。

でもなかなかうまく機能していない。なぜか。

各教科の専門的な話を面白おかしく伝えるのは、「教科オタク」みたいな先生の得意技です。ちょっと失礼な言い方ですけれど「研究者くずれの先生」という言い方が学校には昔からあります。目を輝かせてミクロの世界の話をしてくれたり、あたかもそこにいたかのように歴史の話をしてくれたり……。生徒たちもつい引き込まれていくのです。今回取材にご協力いただいた学校にも、修士はもちろん博士号を取得している先生たちがごろごろいます。

でも、合科型のＰＢＬのような授業を行なう先生には、教科オタクとは別の素養が求められます。オタクとは真逆に外向的で、どんなことにも興味をもち、浅くても広い知識をもっている。そういう先生は、俗に「ファシリテータタイプ」や「ジェネレータタイプ」と呼ばれます。

これからの学校には教科オタクタイプの先生もファシリテータタイプの先生も両方必要です。これは間違いありません。

でも、教科オタクタイプの先生にファシリテータタイプの授業をさせても、せっかくのキャラが台無しです。逆にファシリテータタイプの先生に教科オタクのレベルの授業を求めても、やはりキャラが台無しです。

その相反するキャラを１人の先生に求めること自体に無理があるのです。実際には一人二役をこなせてしまうカリスマ先生のようなひともいるにはいますが、全国40万人の先生にそれを求めるのは現実的に酷でしょう。

そこで、ごくざっくりいうならば、**大学で何らかの専門分野を究めた先生は教科オタク型の先生としての道を歩み、教育学部で学んだ先生はファシリテータタイプの先生の道を歩むという棲《す》み分けができるのではないかと私は考えています。**先生のキャラを活かした役割分担が、これからの学校では進むはずだと思います。両方のタイプの先生がそれぞれの長所を活かしながら協働できる学校こそ、多様な価値観を認め合う学校といえるのではないでしょうか。

さらにいえば、計算練習や漢字練習などのごく基礎的な訓練については個別のＡＩ学習にまかせてしまったほうが効率的だと思います。それぞれの子供の学習履歴をデータとして蓄積し、それぞれの学習状況に応じて課題を個別にカスタマイズして提供してくれるようなシステムです。すでにそのようなシステムはたくさんあります。

そこから提供される個別の課題を、宿題にするなり、朝学習の時間にやるなり、個別学習の時間にやるなりという方法で個別に進める。公文《くもん》式教室のやり方にも似ていますね。基礎学力定着に関して先生はシステム上で学習履歴を把握しておけばいい。学習が上手くいってなさそうな子にだけ手当をすればいい。

ファシリテータタイプの先生、教科オタクタイプの先生、そしてＡＩ学習がそれぞれに役割分担する多層構造の学校が、現時点での私のなかにある「近未来の学校」のイメージです。

大学受験勉強で「学び続ける力」を身につける

「時代は激しく変わっているのだから教育も変わらなければいけない」と訳知り顔に言うひとがわりといます。でも、そのひとのいう「時代」とはなんでしょうか。きっとビジネス環境のことしか見ていないのでしょう。たしかにビジネス環境は大きく変化しており、残念ながら日本の企業はその流れに乗り遅れています。それでも政府は旧態依然とした昭和の企業を延命させることに一生懸命で、新しい産業が生まれる芽を育てようとはしていません。

　ビジネス環境の変化に対応するだけであれば、社会に出てからそのときどきに必要なスキルを身につけさえすれば十分に対応可能です。どうせこれからは、大人になってからも常に新しいことを学び続けて新しいスキルを身につけていかなければならないのです。逆にいえば、子供のころから準備しておかなければいけないビジネススキルなど、私には思いつきません。
桜蔭の齊藤先生は「即戦力が欲しいから教育を変えてほしいという企業の声があるようですが、英語とプログラミングをやっておけば大丈夫みたいなことを言うのはちょっとやめてくださいよって感じです。それは社内で解決してほしいですよね」とピシャリ。

そもそも時代は変わっても、人間の本質は何も変わりません。だから万葉集を読んでも古代のひとと気持ちが通じますし、論語の教えをいまに活かすこともできます。ビジネスの世界に出る前に、そういう人間としての土台をしっかりと築いておかなければ、どんなに便利でカッコいいスキルを身につけたところでさほど役には立たないでしょう。

将来使うかどうかもわからないアプリを手当たり次第にスマホにインストールするよりも、中高生のうちはまだ「スマホ」の性能そのものを磨き上げることに時間やエネルギーをさいたほうが良いということ。そうすれば将来、そのときどきの必要に応じた最新の「アプリ」をスムーズにダウンロードできるはずなのです。

逆に大学受験勉強も、希望の大学に合格するために必要な学力という「アプリ」を自分にインストールする作業だということができます。それまでに幅広い教養を身につけ「スマホ」そのものの性能を上げておき、さらにさまざまな試行錯誤を経て「アプリ」を効率的にダウンロードする自分なりの方法を身につけていれば、高速で「アプリ」をインストールできるようになります。

そうやって大学受験を、自分なりの学びの型をつくる機会だととらえることができれば、それは将来新しいことを学び続ける力にもつながります。

「中高生時代というのは、自分に合った学び方を身につける適齢期なのではないかと思います。大人になって、こんなことを学んでみたいなと思ったときに、自分に適した学び方というものがわかっていなければ新しい知識をうまく吸収することができないでしょう。大人になってから毎日教室で座学をするなんてなかなかできませんよね。子供だからこそできることです」とは豊島岡の竹鼻先生。

時代は変わっても学びの優先順位は変わらない

特に中高生までは、「教育」によって、人間としての土台をつくる時期。ビジネスマンの促成栽培のような「人材育成」を施すべきではありません。

「教育」と「人材育成」は似て非なるものです。端的にいえば、「教育」とは、どんな時代になっても社会のなかに自分の居場所を見つけ自分らしく生きていけるひとを育てる、ひとありきの営み。「人材育成」とは、なんらかの組織に必要な〝材料〟としての必要条件を満たすように人間を枠にはめていく、目的ありきの営みです。

「ビッグロック」という有名なたとえ話があります。瓶に、まず大きな岩をできるだけ入れ、次に小石を目一杯流し込み、さらに砂を目一杯流し込み、最後に水をいっぱいいっぱいまで満たします。次にそれらをすべて出し、逆の手順で瓶に入れます。水を入れ、砂を入れ、小石を入れ、岩を入れようとしても、ぜんぶは入りません。「物事の優先順位を間違えてはいけない」という教訓が得られます。

　教育における優先順位は、人間の本質が変わらない限り、おそらく変わりません。**先行き不透明といわれる社会に子供たちを送り出さなければいけない大人たちの役割は、未来に子供を怯《おび》えさせることではなく、「これさえやっておけば、あとはなんとかなるから」と言って、子供たちを安心させてあげることではないでしょうか。**

　何が「岩」なのかさえ教えればいい。順番さえ間違えなければ、「小石」や「砂」や

「水」は、あとから子供たち自身が状況に応じて自分で入れることができます。

だとすると、これからの時代を生きていくために必要な力は、これまでの社会を生きるうえで必要だった力と本質的な意味で大きな差はないといえます。少なくとも中高生のうちに鍛えておかなければいけない力は、いまも昔も基本的に変わりません。それこそが「生きる力」というものでしょう。時代によって変わってしまうような力が、人間に必要な「生きる力」であるわけがありません。

インフレ気味な「生きる力」

一方でこのところ「生きる力」ということばがインフレを起こしているように感じます。変化の激しいグローバル社会の中で勝ち残れる力というようなニュアンスをもち、「英語やプログラミングができないと生きていけないぞ。それらをいまのうちに勉強しておかなくてあとで生きていけなくなっても自己責任だぞ」と言わんばかりの脅しの文脈で使われているような気がします。

でもそもそも「生きる力」というのは、文部科学省がいわゆる「ゆとり教育」へと舵《かじ》を切っていく時期に使われはじめたことばです。時代が変わっても生きていける力。すなわち、人間として備えておくべき普遍的で根源的な力のことを示していたはずです。

ではあらためて「生きる力」とは何か。さまざまなひとがさまざまな形で表現します。どれも似たようなことをいっていると思います。私が、これまでいろいろな教育現場を取材して、いろいろな教育理念や理論に触れた経験をもとにこれを表現するのなら次のようになります。

（1）そこそこの知力と体力

（2）やり抜く力

（3）自分にはない能力をもつひととチームになる能力

ただし、これまでの時代は（1）＞（2）＞（3）の順番で重要でしたが、これからの時代は（3）＞（2）＞（1）の順番で重要になるという変化が起こると考えられます。

（1）のそこその知力と体力は、本当にそこそこでいい。学校に通《かよ》って、お友達と楽しく会話ができるのなら十分です。ただし、ここでいう知力とは、単なる学力のことではなく、幼少期からの実体験と学校で学んだ知識とが結びついた教養をベースにした思考力のようなものをイメージしています。

（2）のやり抜く力は、英語のＧＲＩＴの訳語です。アメリカの心理学者アンジェラ・ダックワース博士が提唱する、「成功」のために不可欠な究極の力です。彼女は、社会での成功には、ＩＱや偏差値的な学力よりも、ＧＲＩＴの高さがものをいうのだと、著書のなかで訴えています。

単に学校のお勉強ができるひとよりも、「これをやると決めたら最後までやり切る」という強い意志をもったひとのほうが最終的には大きな成功をつかんでいるというのは、誰でも感覚的に納得がいく事実ではないでしょうか。社会における「成功」が何なのか、「成功」と見なされることが人生においてどれだけ大切なのかという話はそれはそれであるのですが。

（1）の知力や体力のような、数値化しやすい能力を一般的に認知能力と呼びます。それに対して、（2）のやり抜く力のような、数値化しにくい能力を一般的に非認知能力と呼

図4「生きる力」を構成する3つの能力

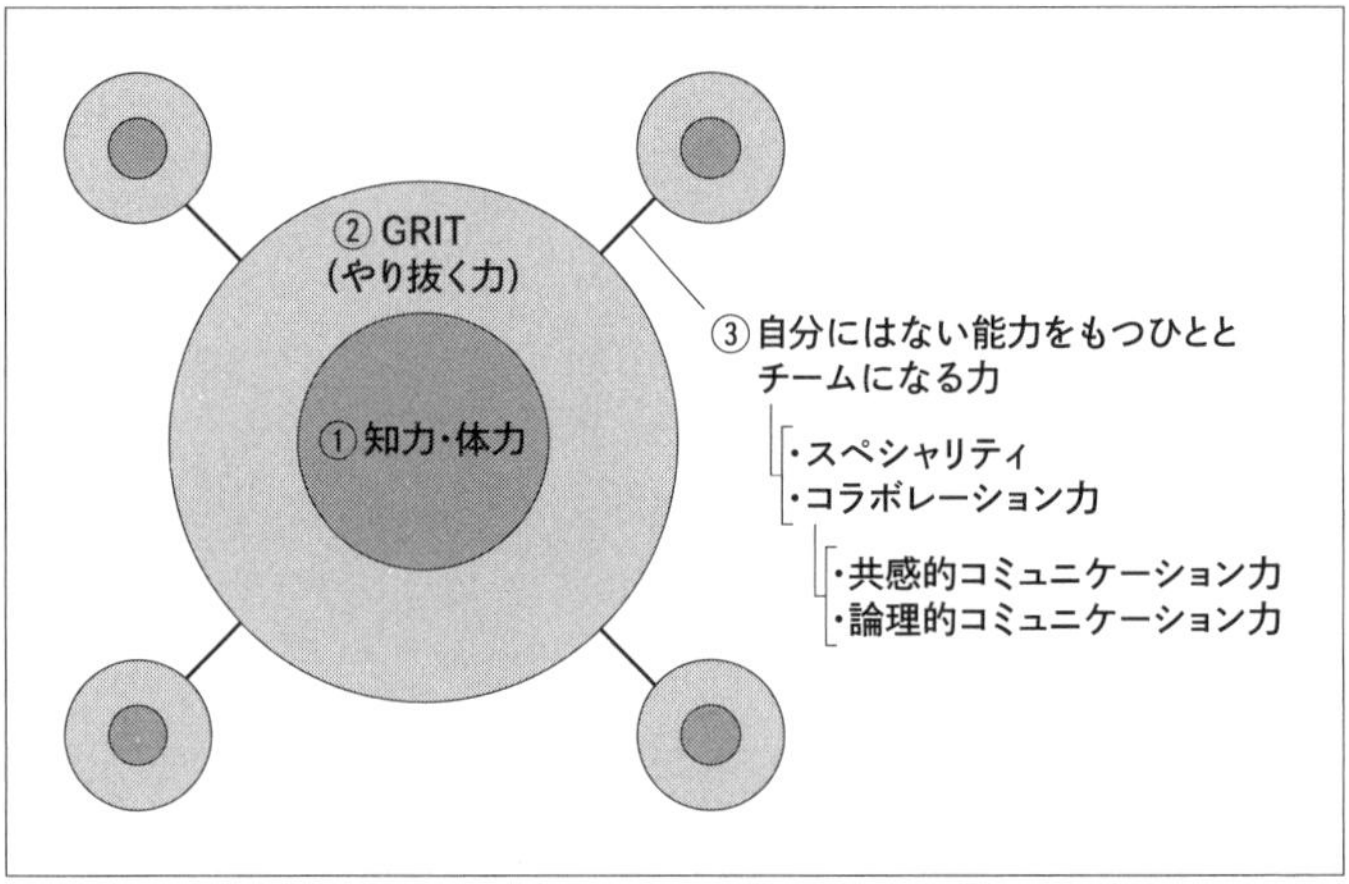

びます。そして、幼少期からしつけなどを通じて非認知能力を育てることで将来安定的な人生を送ることができる可能性が高まることが、過去の大規模な追跡調査からわかっています。

認知能力が主に学校で鍛えられることは言うまでもありません。それに対して非認知能力は、本来は家庭や地域などの人間関係のなかで主に鍛えられると考えられます。あるいは幼少期には習い事、思春期ならば部活などの機会に、非認知能力が伸ばせると考えられます。ちなみにやり抜く力に関しては、年齢を重ねると強くなる傾向があることもわかっていますので焦らないでください。

（3）の自分にはない能力をもつひととチー

ムになる能力については認知能力と非認知能力の両方が含まれます。これをさらに分解すると、コラボレーション力とスペシャリティの2つの力に分けられます。コラボレーション力を構成するのが、共感的コミュニケーション力と論理的コミュニケーション力の2つです（図4）。

と、まあそんなことを拙著『21世紀の「男の子」の親たちへ』の最終章で書きました。今回はここで、（3）の自分にはない能力をもつひととチームになる能力についてもう少し掘り下げてみたいと思います。

余人をもってかえられない存在になる

正解のない世の中では、常に新しい価値を生み出さなければいけません。常にイノベーションが必要だということです。

携帯電話とウォークマンとパソコンの進化を思い出してください。それぞれをただ小さくする競争をくりかえしているだけではイノベーションは起こりません。でもその3つが合わさってスマホが生まれました。

それぞれを小型化することに特化していたひとたちは単体ではイノベーションを起こせませんでしたが、その技術を磨くことによって、イノベーションを起こすために必要な1要素になっていたわけです。いくつかのスペシャリティがまざりあうとき、イノベーションは起こります。

つまり、**これからの時代には、なんらかのスペシャリティをもつ複数のひとたちが1つのチームになることでイノベーションが起こる確率を上げていくことが、有効な成長戦略になるのです。**経済的に成長することが社会にとって必ずしもいいことかどうかという問題はありますが。

だから、似たようなひと同士で群れるのではなく、自分にはない能力をもつひととチームになる能力が高いひとこそ、近くにイノベーションが生まれる可能性が高まり、生き延びる可能性も高まるのです。

では、自分にはない能力をもつひととチームになる力とは、具体的にどのような力でしょう。その構成要素は、スペシャリティとコラボレーション力に分けられます。

まずは自分自身になんらかのスペシャリティがなければいけません。自分にしかできない何かが必要です。かといって、「この手術は世界で私にしかできない」というような超高度な技術が必要というわけではありません。

たとえばパンを焼くという、そのこと自体はありふれた行為でも、自分らしいパンを焼くことができればそれはそのままスペシャリティになります。たとえば、世の中の大半のひとが文章を書くことができるのに、私が文章を書くことを生業《なりわい》にできているのは、私なりの書き方があるからです。スペシャリティとはそういうことです。

スペシャリティを見つけるには子供自身がぼーっとする時間が必要です。「ひまだなー」と思っているときに、子供のなかにある本当の自発性、主体性が作動します。無意識から始めたことには、没頭できます。自分では普通にやっているだけなのに「よくそんなすごいことができるね！」とまわりから驚かれるようなところに、その子の特殊な能力が表われています。それがスペシャリティの種です。

でもたとえば「絵が上手くたって食っていけないよ！」というアドバイスが昔からありますよね。たしかに画家や漫画家になってそれだけで食べていけるようになるのはプロ野球選手を目指すような狭き道。でもそれは、荒れ野をたった１人で生きていこうとする発想です。

絵が上手いという能力をもつスペシャリストが、ＩＴのスペシャリストや、スポーツのスペシャリストや、林業のスペシャリストたちと手を組めば、イノベーションが起こるかもしれません。そういうチームに属して必要とされていれば、なんとか生きていけます。

１つのプロジェクトが終わったらチームは解散するかもしれません。そうしたら、そこで得た経験も新しい武器にして、また違う新しいチームに加わればいいのです。

これからの働き方はそういうプロジェクトベースになっていくだろうと思います。だから学校でも「プロジェクト・ベースド・ラーニング」のような活動を増やしているのですよね。課題を設定し、それを達成するために子供たちが力を合わせる、教科横断型の活動です。

どんなスペシャリティがどこでどんな形で役に立つのかはわからない時代です。単体で食える技能を身につけることよりも、自分らしい技能を身につけることがますます重要になるでしょう。

どんなにささいなことでもいい。余人をもってかえられない職業的な何かをもっていることが「プロ」の条件なのだろうと私は思います。

そのスペシャリティが時代の方向性にぴたりと一致すれば、世間的な意味での大成功を手に収めることができるでしょう。時代の方向性とズレていると、食えてはいけても、派手なスポットライトを浴びることはないかもしれません。そこは運だと私は思います。

スポットライトが当たる人生を目指すのなら、時代の風を敏感に読み取ってそこに自分を最適化していかなければなりません。うまくいけば本当に大成功を収められるかもしれませんが、ちょっと待ってください。世の中の流れに迎合する人生が本当に自分の人生でしょうか。損得勘定に支配される人生が本当に自由な人生でしょうか。そうではないと私は思います。

前提を共有しない相手とのコミュニケーション

しかし、ただスペシャリティがあるだけでは、自分にはない能力をもつひとたちとチームになることはできません。他人とコミュニケーションをとりながらプロジェクトを遂行するコラボレーション力も必要です。

共感力の高いひとがコミュニケーション力の高いひとだと思われがちですが、それはコミュニケーション力のごく一面にすぎません。たしかにコミュニケーションをとるうえで、共感力は重要です。でも、なかには「あのひとがものすごい特殊な能力をもっていることはわかるけれど、あのひととは共感できない」という場合もあると思います。いわゆるそりが合わないというか、馬が合わないというか……。人間ですから仕方がありません。共感力をベースにしたコミュニケーションには自《おの》ずと限界があるのです。

そこで必要となるのが、論理的コミュニケーション力です。現在では、学校として論理的コミュニケーション力育成を意識した教育プログラムを用意しているところも多くあります。たとえば鷗友。

「本校では、アサーショントレーニングというのをやっているんですよね。同じことを言っても言い方によって相手の受け止め方が違うんだとか、相手の気持ちを大切にしながらも自分の意見をきちんと伝えるにはどういう方法があるのかとか、コミュニケーションを構造的にとらえる術を学びます。そういう機会を中高生のあいだにもつというのはすごく大事だと思っています。そういう経験がないと、意見の食い違いが生じたときに客観的に

考えられないんですよね」と鷗友の大内先生。

　異なる能力をもっているひと同士は、異なる価値観や志向をもっていることも多い。共感力だけを頼りにしていると、すぐに「わかりあえない」現実にぶち当たります。しかしＡさんの意見とＢさんの意見がまるっきり異なって見えるとき、Ａさんがその意見にいたるまでにどのような論理に基づいて思考したのかを論理的に遡《さかのぼ》ると、Ａさんの思考の前提にたどりつくことができます。同様に、Ｂさんの意見を論理的に紐解《ひもと》いていくと、Ｂさんの思考の前提が見えてきます。そうすることで、ＡさんとＢさんの意見が違って見えるという現象は、実はＡさんとＢさんの前提の違いによるものだとわかります。

　ＡさんもＢさんも、それぞれの前提の上に正しく論理を積み上げているので、お互いに自分が正しいと思っています。そして実際、２人の意見はそれぞれに論理的に正しいのです。

　前提が違っていることがそこで共有できれば、前提をそろえ直してからいっしょに論理を積み上げていくことができます。そうすることで２人に共通の、論理的に正しい意見にたどりつくことができます。お互いに妥協して２つの異なる意見の中庸《ちゅうよう》をとるような話とは違います。

これが論理的コミュニケーション力です。前提を共有しないひととのコミュニケーションスキルといってもいいでしょう。これがあると、異なる価値観、文化的背景、宗教観、信念をもっているひとたちとも、手と手を結び合うことができるようになります。

論理的コミュニケーション力を鍛えるには、学校の勉強がそのまま役に立ちます。一切の論理の飛躍を許さない数学的思考はまさに論理的コミュニケーション力の基礎になります。理科や社会だって同じです。**丸暗記するのではなく、何がどういう原理原則に基づいて動いているのかを学問的にとらえる際、必ず論理的な思考力が必要になります。それが論理的コミュニケーション力の基礎になります。**

つまり、学校の勉強も、単に重要語句や公式を丸暗記するのではダメです。テストで点をとることにしか役立ちませんから。そうではなくて、ものごとの論理的筋道をたどることが、これからはますます大事になるのです。これまでも大事だったのですけれど、テスト至上主義的な教育観のなかではつい忘れ去られがちなことです。

グーグルで働いている卒業生が高校生向けのキャリア講演会で訴えたという話を、桜蔭の小林《こばやし》裕《ひろ》子《こ》先生が教えてくれました。

「いま、グーグルが最先端のグローバル企業だとされているけれど、これが5年後、10年後にはどうなっているかわかりません。でも、どんな会社に行ったとしてもいちばん大切なのは、どんなひととともコミュニケーションがとれることですから、そこを中高生のうちにしっかり身につけておいてくださいね」

一般に、コミュニケーション力は非認知能力に分類されますが、実はそれは共感的コミュニケーション力の部分のことであり、論理的コミュニケーション力に関しては認知能力との関連が非常に強いというのが私の考えです。

論理的コミュニケーション力が足りないと、共感的コミュニケーション力だけに頼った集団形成がなされ、社会に分断が生じます。ネット社会ではそれが極端な形で進行します。実際にいま、世界中で起きている現象です。この分断を食い止めるのが、これからの社会の喫緊の課題であるはずです。

「夢をもて」にはご用心！

スペシャリティが大事だということですが、だからといって早くから特定の分野について勉強しろという意味ではありません。

いま、キャリア教育という名のもとに、職業調べをさせて、どんな仕事に就《つ》きたいかを決めさせ、そのために必要なことを学べる大学・学部を選ばせ、それを高校生活目下の目標にさせるという進路指導がごく一般的になっていますが、鷗友の大内先生はそこに疑問を呈します。

『中学生のうちに目標を見つけたら高校になって勝手にどんどん伸びる』というひともいますけれど、そんなに簡単なことではないと思うんですよ。中高生のうちは『あれがいいかな、これがいいかな、いやダメだ！』ってまだまだ悩みに悩んでほしいんです。迷って、悩んで、そして腹をくくってやってみるから、苦しいときも踏ん張れる。そこまでやってもうまくいかなければ、悔しいけれど、爽《さわ》やかな気持ちで諦《あきら》められる。だから前向きな気持ちで方向を変えられる。これが大人になって必要な力なんですから、それを中高生のうちにたくさん経験しておいてほしいんです。中学生のうちに決めた目標なんて、すぐに変わってしまうものだし、それでいいんだと思いますよ」

豊島岡の竹鼻先生は次のように訴えます。

「若者が将来に対する明確なビジョンをもてないことが悪いことのようにいわれる風潮があります。でもいまの世の中は昔ほど単純じゃないんです。うちの生徒のなかにもときどき、『将来のことを具体的に決められないのはダメなんですか？』と聞いてくる子がいます。私は『いいんだよ！』と答えます。将来に対するビジョンをもつことは決して悪いことではありませんが、一方で柔軟性も必要です。たしかに仮想でもいいから一つ目標を決めてしまうと楽なんだと思います。目標があるととりあえず頑張れますから。でもそれが本質的に大切かというと、違うような気がします」

その意味では大人がよく言う「夢をもて」も無責任だと私は思います。

子供が夢に向かって努力をしているのを見ると大人は安心するので、つい「夢をもて」と言いたくなります。でもそれは大人自身が早く安心したいだけではないでしょうか。するとその〝夢〟は、子供に努力を強《し》いるための圧力として利用されかねません。「あなたの〝夢〟なんでしょ！」というように。無理やりこしらえた〝夢〟や〝目標〟に向かって、無理やりレールを敷かれてしまうわけです。それを「当校の生徒たちはみな自らの夢に向かって主体的に学んでいます」と言ってしまうのは大いなる欺瞞《ぎまん》ではないかと私は思います。

そういう大人に煽《あお》られて自分の夢を無理やりねつ造してしまうと、子供は自分との対話をやめてしまいます。自分をだますことに慣れてしまいます。迷って、悩んで、そして腹をくくるという経験が乏しいまま大人になってしまいます。本当の自分の心の声に耳を傾けたことがないので、就活のときに苦労します。自分が本当に大切にすべき価値観がないので、社会人になってから自分探しの旅に出てしまったりします。

自分探しの旅という形で一からやり直そうとするならまだましです。多くの場合は自分自身についてよく知らないまま、自己啓発セミナーに入れ込んでしまったり、それこそインターネットの世界での承認欲求に活路を見出そうとしたりしてしまいます。

「夢をもつことは立派ですが、それよりももってほしいのは、自分はこういうことをしていると楽しいんだというような自分軸です。仮にやりたくない仕事に就かなければいけなくなったとしても、自分をしっかりもって続けていれば、自分なりのやり方や喜びを見出すことができるはずです。自分に合わないからやめるというのではなくて、どんなことにも自分らしく取り組む姿勢が大切です。そんなことを教えていきたいなと思います」と竹鼻先生。

中高生だから許される正しい時間の使い方

「『いま君がやろうとしているそれは、社会のどんなところに役立つと思う?』というような問いも、よく中高生に聞くひとがいるじゃないですか。あれもおかしい」と言うのは再び鷗友の大内先生です。

「うちでもね、社会に役立つひとになりなさいと言いますよ。でもそれは他者のためを考えられる生き方をしなさいという意味であって、理論を学ぶ理学部に行っても世の中の役には立たないから直接的に世の中の役に立つ技術を学べる工学部に行きましょうというような話ではありません。どんなことを学んだって、その先にいろんな新しい世界が広がるわけですから、中高生のうちは損得勘定なんてしないで、自分が純粋に没頭できるものに集中すべきです」

　早く夢や目標を定めるとか、早く社会の役に立つとか、大人が子供に「早く、早く」と言うべきではないと大内先生は訴えます。

　もちろん中高生の段階で自分のやりたいことにはっきり気づき、夢をもって邁進《まいしん》することはすばらしいこと。それはそれで強烈な個性です。そういう子供のためにいわゆる「一芸入試」のようなものはあるのでしょう。

　でもそこまでの尖《とが》ったものをもっていない子供が、自分のなかの迷いや悩みがまだ十分に熟成しきる前に、それを無理やり絞って言語化させてしまうのはもったいない。じっくり時間をかけることによって迷いや悩みが自分のなかで十分に熟成するとどんな感覚になるのかを知っておくことは、学校からも親からも守ってもらえる中高生のうちだからこそできる正しい時間の使い方ではないでしょうか。

　ましてや、一般入試で受けるよりも楽そうだからという理由でＡＯ入試を受けることを選択し、そのために夢や目標をねつ造し、そこに大学での学びを結びつけるストーリーをでっち上げる指導をするなど言語道断です。

咲けないときは、根を張りなさい

「本校では、ずっと学びつづける力、自分の信じる生き方、あきらめない心、そして感謝の4つがあれば、どんな世の中になっても生きていけるって伝えています」と吉祥女子の綾部先生は胸を張ります。

「中学生くらいまではいろいろな経験をさせ、いろいろなものを見せてあげて、そのなかで自分に合ったところに進ませてあげたい。いまから役立つスキルを身につけようなんて焦らないほうがいいですよ」と言うのは四天王寺の稲葉先生。

　中高生のうちは、いますぐ役に立つ「技術」を身につけることよりも、しっかりとした「基礎体力」を身につけておくべきだという指摘です。

「若いころからあれもできるようになって、これも身につけて、世の中の風に乗って意識高く飛び上がっても、根本に真の価値観をしっかりと結びつけておかなければ糸の切れた凧《たこ》のようになってしまいます。自分なりの信念をもって凧を揚げなさいということです」

と雙葉の和田先生は警告します。

何ができる／できないということよりも、何を大切にして生きるかが人生においてはよほど重要であるという指摘です。

ノートルダム清心《せいしん》学園の元理事長でカトリックのシスターであった渡辺和子《わたなべかずこ》さんが残した有名な言葉に「置かれた場所で咲きなさい」があります。しかし以前、広島のノートルダム清心中・高等学校を訪れたとき、校長の神垣《かみがき》しおり先生は、その言葉には続きがあることを教えてくれました。**「置かれた場所で咲きなさい。どうしても咲けないときには、無理に咲かなくてもいい。その代わり、下へ下へと降ろして、根を張るのです」。**

渡辺先生は生前、むしろ後半部分を、中高生にはくり返し伝えていたそうです。中学生・高校生というのはそういう時期なのだと私も思います。

であるからこそ、学校選びに際しても、私は次のように考えます。**旬の〝ニーズ〟をとらえた見た目に派手な教育をしているクリスマスツリーのような学校ではなくて、見た目は地味でもしっかりと大地に根を張り、根から吸い取った養分が枝葉の末端まで行き届い**

ているような学校を選ぶべきだと。それを見極めるのが親の役割だと。

変化が激しい時代に最終的に生き残る学校は、時代のニーズに合わせる風見鶏のような学校ではなく、揺るがぬ教育理念があり、日々の活動の隅々にまでその精神が宿っている学校であるはずだと私は思っています。

一隅を照らすひとになるために

四天王寺の山本先生は、お寺の住職でもあります。

「四天王寺では仏教の授業がありますが、私は生徒たちにはっきりと言います。『いますぐにはこの仏教の授業が役に立つとはまったく思っていない』と。でも彼女たちはあと約80年間、この社会を生きていくことになります。何が起こるかわかりませんが、人間がどう生きていくべきなのかということを、いまはなかなか理解できなくても、せめて種のような形で彼女たちの心の中に植え付けておけば、長い人生のなかで、必ずいつか役に立つはずだと思っています」と山本先生。

同じく四天王寺の稲葉先生は「卒業生たちがよく振り返るのがやはり仏教の時間です。『当時は受験勉強に手一杯で、こんなん言ったら怒られるけど、息抜きの授業みたいだった。でもいま社会に出て、あのときなんとなく聞いていたことがすごく残っている。もっとまじめに聞いていれば、いまもっと役に立ったはずなのに！』って言ってくれるんです」と笑います。

お釈迦《しゃか》様の時代から数えれば約２５００年、聖徳太子《しょうとくたいし》が四天王寺を建立してから約１４００年。脈々と受け継がれる普遍的な教えを、21世紀を生きる女の子たちに伝えるのが四天王寺の仏教の時間です。

お釈迦様の教えのことを「法灯明《ほうとうみょう》」といいます。仏教でいう「法」は、法律ではなくて世の摂理や真理みたいな意味です。まずはそれを子供たちに伝えます。それをヒントにして、こんどは子供たちが自分で自分の足下を照らしながら、自分なりの生きる道を、１本の道筋を見つけていく。それを「自灯明《じとうみょう》」といいます。

まず仏教の時間において法灯明に触れ、それを核としてさまざまな経験をし、数学だの英語だの理科だの社会だのの勉強もして、大学でも学問し、社会に出てからもグローバルな社会においても学び続け、その結果ようやく自分なりの生き方すなわち自灯明が見えてくる。自灯明こそ、先の見えない世の中を照らす灯りであり、初めに法灯明がなければ自灯明も見えてこないというわけです。

「この学校で得た種を、あなた方が北で南で西で東で、世界中のどこかでひとつでも花咲かせ、ほかのひとの役に立つことができれば、それで一人前の人間だと生徒たちには伝えます。それがお釈迦様や、その弟子の勝鬘《しょうまん》夫人《ぶにん》、そして聖徳太子のいう『菩薩』の教えなのです。『菩薩』とは、自分の悟りと他者の救済を願うひとのことをいいます。最澄《さいちょう》が言った『一隅を照らす』ということは、菩薩となって社会の隅々で自分と他者を利することができるように努力することなんですね。そういう意味では、四天王寺はいま時代の最先端を行っているのかなと思っています」と山本先生。

確固たる自灯明をもって生きられるひとを育てることが教育の目的であると考えれば、グローバル社会への適応など些末《さまつ》なことにすぎません。

大学受験や就職のためではない教育

「本校では『聖書に聴く』という言葉を大切にしています。『キリストに倣《なら》いなさい』という言い方もします。それは、聖書に書いてあることに額面通り従いなさいという意味ではなく、聖書が何を言わんとしているのかを受け止めて、それならば自分はどうすべきなのかを自分で考えなさいという意味です」と言うのは女子学院の鵜崎先生。

聖書が現代に伝えるメッセージとは何か。

鵜崎先生はまず新約聖書に出てくる「放蕩《ほうとう》息子のたとえ」を話してくれました。放蕩の限りを尽くして全財産を失ってしまった息子が反省して父親のもとに帰ってきます。息子ではなく召使いとして雇ってくださいと頼むのです。息子は誰の目から見ても愚かなことをしました。それでも父親はその息子を抱きしめ、祝宴を催して帰還を喜びます。

「神様はそういう懐の深さで私たち一人一人を思ってくれている。だから失敗を恐れなく

ていいし、過ちを犯してもそこから学べばいいんだということです」

次に鵜﨑先生は「タラントンのたとえ」を話してくれました。

お金持ちが3人の家来に財産を分け与えて「私はこれから旅に出る。いつ帰るかわからない」と言って家を出ました。1人目の家来は5タラントン、2人目の家来は2タラントン、もう1人は1タラントンを預かりました。タラントンとは当時のお金の単位です。

ある日予告もなしに帰ってきた主人は、「預けたお金はどうなった？　お金を持ってきなさい」と家来たちに言いました。

5タラントンを預かった家来は、10タラントンを持ってきました。5タラントンを元手にして商売をして増やしたのです。主人は「お前は忠実な家来だ。これからもっと多くのことを任せよう」と言って喜びます。2タラントンを預かった家来も同様にお金を増やしていました。4タラントンを主人に返し、褒められます。しかし、1タラントンを預かった家来は1タラントンを主人に返しました。商売で失敗することを恐れ、土の中に埋めておいただけだったのです。

主人は3人目の家来を罵倒《ばとう》して追い出します。お金を増やさなかったからではありません。失敗を恐れて挑戦しなかったからです。

「タラントンは英語のタレント（才能）の語源です。与えられた才能をぜひ使いなさいという教えです」

才能を使うためには、まず才能に気づかなければなりません。神様から与えられた才能を「賜物《たまもの》」と呼びます。与えられた賜物をしっかりと磨き上げ、使うことこそ、そのひとの人生に与えられた「使命」だというのです。

「その賜物とは、何かがひとよりも得意だとか、何かをひとよりも多くもっているとか、そういうことではありません。自分のなかで、それが良いものであると認識できるのなら、それは育てるに値する賜物です」

ひとと比べたり、社会の風潮に流されたりするのでなく、自分のなかに絶対的な価値観や信念をもつ。その価値観や信念こそが賜物であり、それに従って生きることこそがそのひとの使命であるということです。

「『大学入試のために何をしてくれるんですか?』『就職に役立つスキルは身につくんですか?』などと言われても、それは目先の目標でしかなくて、『そのあとはどうされるんですか?』という話なんです」と鵜崎先生。

卒業後の20年先、30年先を見据えているのです。

学校とは文化を吸収しに行くところ

四天王寺は仏教という立場から、女子学院はキリスト教という立場から、ひととしての生き方を生徒たちに伝えます。6年間あるいは3年間という時間のなかで、くり返し、言葉だけでなく、さまざまな経験を通して伝えます。教員が意図的にしかけなくても、その学校に通ってそこの空気を吸っているだけで、自然にそういうメッセージが生徒の体に染み込むような学校文化があります。

それが私学の魅力です。宗教系に限らず、私学には建学の精神という理念があり、その目には見えない学校文化が、生徒の生き方に大きな影響を与えるのです。それに比べれば、大学進学実績など飾りのようなものです。

この教育は、どうやったって親にはまねできません。家庭では伝えることのできない壮大な文化を得るために、子供たちは学校に通うのだというのが現時点での私の考えです。

また、生徒たち自身も、毎日学校に通いながら本当は自分が何を得ているのか、その時点ではわからないのです。だから卒業してから「仏教の授業をもっとまじめに受ければ良かった」などと振り返るのです。卒業して何十年も経ってから、自分が得たものの本当の価値に気づくことも少なくありません。それだけ得たものが大きいのです。大きいからこそ、その全体像を把握できるくらいに自分が成長するまでその価値に気づけないという逆説が成り立ちます。

大学入試は通過点であって目標ではないということは誰もが言います。でもその通過点の先に何を見据えているのか。それがただ単にビジネスでの成功だとしたら、あまりにせこい話です。

公立の学校には宗教的背景も建学の精神もありませんが、地域の文化があるはずです。公立の学校でも、地域との関係が密接で地域の誇りや期待を背負った学校はやはり魅力的な学校文化をもっています。その意味では、全国の公立学校はもっと地域と連携し、地域の文化を学校の空気の中に吸収しなければいけないと私は思います。

学校はただ単に教科書の内容を理解したり覚えたりするために行く場所ではないのです。

第4章

目指すのは「すごい親」より「いい親」

Point

子供の年齢が上がるにつれて親は子供の成長に鈍感になっていきます。それでは子供の成長を後押しできません。そこでどうしたらわが子の成長に気づきしかもありのままを受け入れられる親になれるのか。コツは、「すごい親」ではなく「いい親」を目指すことにありました。

母親のわかったつもりが危ない

「男の子の場合は、やっぱり途中でどうにも理解ができなくなり、言うことも聞かないので、『じゃ、好きにしてね』って感じであきらめたころに大人になっていくじゃないですか。でも、女の子の場合はやっぱりよくわかっちゃうんですよ。よくわかるからこそ、自分と娘は違う人間だということを子供が小さなころからきちんと意識しなきゃいけないんです」

そう言うのは男女のお子さんを育てた母親でもある鷗友の大内先生。娘を育てる母親の心得です。私に話をしながらご自身の子育てを回想しているようでした。

息子の場合はわからないことだらけの前提からスタートする。でも娘の場合、わかったような気がするところからスタートできてしまう。

「ところが、自分とは趣味も違うし、自分が当たり前にできることが娘にもできるわけじゃないし、逆に自分の苦手なものが娘にとって苦手なわけでもないし、娘が母親の予測通りにするわけでもない」

わかった気になって先回りしてしまうことが、娘の女親として危ないというのです。それを、自分自身の経験はもちろん、女子校の教員としてさまざまな親子関係を見てきて強く感じるのだそうです。

「娘の失敗を自分の失敗のように感じて大きく傷ついてしまうとか。あるいは自分が良かれと思っていることが娘の幸せだと思ってしまうとか。大学選びにしても、就職にしても、下手したら結婚相手にだって。そうなってしまうと母娘の関係はすごくこじれてしまうんですよ。逆にいえば、娘を育てる難しさってそれに尽きるんじゃないかしら」

たとえば理系に進むと決めた娘に対して、理系科目が苦手だった母親が自分の苦手意識を娘に投影して「本当にやっていけるの？　本当に大丈夫なの？」とくり返し尋ねて、娘もだんだんぐらついて、結局進路を変えてしまうというケースもあるそうです。生徒からたくさんの相談を受けると言います。

では、父親が気をつけるべき点は何でしょうか。

「父親は、ただただ心配になる。これなんですよ。それと、なんとか答えを見つけてあげ

たいと思ってしまう」

娘のことはわからない。でもただただかわいい。それでいつも心配する。特に娘が人間関係的なことで傷ついていると、母親といっしょになって心配してしまう。あるいは、「じゃあ、こうしたらいいんじゃないか？」「昨日こう言ったけど、実際やってみたか？」「だったらこうしよう」と、目の前の問題を早く解決しようと勝手に頑張っちゃうのが父親の傾向なのだそうです。

これは夫婦のコミュニケーションでもよく起こることです。**何か問題が起こると、男性は「問題解決モード」のスイッチが入ってしまい、目の前の相手の気持ちが見えなくなる場合が多い。**会社での役割も影響しているのでしょうか。だとしたら管理職に就《つ》いている母親にも同様の傾向が見られるかもしれません。

「特に思春期って、言われたらやりたくなくなるし、そうは言ってもできないよということも多いし。だからお父さんに理解してほしいのは、ぐいぐい引っ張っていくような関わり方は女の子にはちょっとキツいということです。そうではなくて、子供のペースに合わせていっしょに考えてあげてほしいんです」

そこは男の子でも同じだろうとも私は思いますが。

子供の「いいな！」に「いいね！」する

日々競争社会の中でもまれているがために他人との比較が癖になっている親御さんも多いかもしれませんが、その感覚のまま子供を見てしまうのは危険。

「自由に、自分の好きなように生きてくれればいいと思っているんです」などと言う一方で、「最低限、偏差値50くらいは超えてくれれば……」とか「ＭＡＲＣＨ以上には行ってもらえれば……」などという話を聞くことがあります。社会の中で、相対的に優位な立場にあってほしいという願いの表われでしょう。気持ちはわかります。

でもこれは2つの意味で罪です。１つはわが子の価値を他人との比較で評価していること。もう1つはハードル設定を自分の感覚で行なっていることです。それでは子供は、自分自身のことを見てもらえていないと感じてしまいます。

「会社なのか、同窓会なのか知りませんけれど、『うちの子は○○大学に入った』とか

『○○中学に通ってる』とか、お父さんたちって結構自慢しますよね」

全員ではないと思いますが、たしかにその傾向があると私も思います。もし自分が通っている学校や出身大学を鼻にかけるようなことをわが子が言っていたら、「だから何なんだ？　そんなものは社会に出たら何の役にも立たない」と言ってやるのが親の役割だと私も思うのですが、逆にいっしょになってはしゃいでいる親御さんは実際多いと感じます。

わが子が通う学校のファンになることは大いに結構。でも、他の学校よりも何かにおいて優れているからいい学校だと思っていたり、ましてや他の学校を見下すような感覚で自分たちは特別だと思っていたりするのなら悲しいですね。

「あくまでもラベルみたいなものを自慢し合うでしょ!?　私ね、ときどき呆《あき》れます（笑）」

いわゆるマウンティングです。無意識なのでしょうが、わが子の学校をマウンティングに利用するのは大人としてかなり情けない。

せっかく先生たちが「他人との比較ではなく、自分の信念を見つけなさい、自分の生き方を見つけなさい」と教えてくれているのに、親が他人との比較に明け暮れていたら、その教育効果が薄れてしまいます。

「子供にとっての『いい親』じゃなくて、他人から見た『すごい親』になろうとしちゃう

んですよね。『こんなお誕生会を開いてあげました』『こんなお洋服を着せてあげました』『こんな学校に入れました』ってことを親としての自分のステータスにしようとしてしまう。そのうえ趣味も生きがいももって、インスタにかわいいお弁当の写真をあげなくちゃなんて思ったら、無理ですよね」

「すごい親」にとっては、子供すら自己表現のための作品になってしまいます。でも「いい親」は違う。

「子供が『いいな！』って思うことに『いいね！』って言ってあげられる親。それが『いい親』なのかな……」

いっしょに笑ってごはんを食べるだけでいい

話が弾むうちに、大内先生はご自身の子供のころの経験をこっそり教えてくれました。

「先生、これ、書いていいですか？」と聞くと、最初は咄嗟《とっさ》に「ダメ！」と言ったのですが、「ん？　やっぱり、いいですよ」と言ってもらえました。大内先生とは知り合ってもう何年にもなりますが、初めて聞く話でした。少し長くなるので、大内先生のことばをそのまま語り書きにします。

個人的なことなんであれですけど、私、中1でいじめられて学校行きたくなくなっちゃったんですよね。で、そのときね、結構さぼってたんですよ。当時は「不登校」っていう言葉がなかったんで、熱があることにして、結構学校を休んでたんです。ひどいときなんて、親に「行ってきます」って言って家を出てからこっそり帰ってきて部屋に隠れてたりとか。

その間、父の書斎にあった世界文学全集と日本文学全集と手塚治虫《てづかおさむ》全集をぜんぶ読んだんですよ。だってやることないから、勉強もできないし、したくないし。三島由紀夫《みしまゆきお》などはあんまり好きじゃなくて読めなかったりした作品もありましたけど(笑)。太宰《だざい》も好きになれなかった。芥川《あくたがわ》なんか好きでしたよ。いや、ぜんぶ理解していたわけではありませんけどね。

でもね、そのときの読書の経験っていますごく役に立ってる。

私、実は帰国子女で、小2のときにアメリカから日本に帰ってきました。戻ってきたのが地方の都市だったので、カルチャーギャップが大きくてなじめなくて、当時の記憶ってほとんど残っていないんです。

やっぱりね、何だろう……。アメリカに行くときは日本語を忘れてアメリカに適応しなければいけなくて、で、アメリカから帰って来たら日本語じゃなくて英語交じりの日本語になっちゃってね。すごく物珍しい目で見られるし、「作文を書きなさい」って言われても、「作文って何？」みたいな感じなんです。だから、必死で合わせるために、そのころの記憶がないんですよ、そう……。

ただ、そういう状況だったときに、父親が本屋さんに連れて行ってくれて、ジュール・ベルヌの『海底二万マイル』とかそういう本をいっしょに探してくれたんです。田舎だったので本屋さんに行っても児童書が置いてなくて、大人向けの文庫だったんですけど。

でも、「これは面白いよ」って言って、本の世界に入らせてくれたんですね、父親が。それがね、いまでも記憶にあって。そのとき何かの役に立ったわけではないけれども、大人の本を1冊読んだことがすごい自信になったし、それで、日本の学校でやっていける気持ちになりました。だから子供のころ、「本を買う」って言うといくらでもお金もらえました。「そこだけはいいよ」って。

あと、自分のことばかり話して申し訳ないんですけど、私は漫画にもハマっていて、勉強しないで漫画ばっかり読んでいた時期もあるんですけど、そうしたら父親は、「全巻そろえよう」って言って、ぜんぶそろえていっしょに読みました。『スケバン刑事』とか『ガラスの仮面』とか。子供が興味をもっているのをいっしょに読んでくれました。

自分の仕事の都合で、娘に大きな環境の変化を強《し》いてしまった。その結果、娘がつらい思いをしている。学校になじめないのを責めるのではなく、つらい経験を乗り越えるためのアドバイスをするわけでもなく、ただ気持ちに寄り添い、いっしょの時間を過ごし、いっしょの本を読んだ。

これこそ、子供の「いいな！」に「いいね！」ができる親の姿ではないでしょうか。

「難しく考えなくても、子供と笑い合っていっしょにごはんを食べられる親であれば、『いい親』ですよね。それ以上に『いい親』っていないんじゃないですか？　親子なんだから、家族なんだから、感情のぶつかり合いだってあっていいんですよ。つい怒《ど》鳴《な》ってしまったり、間違ったことをしてしまったり、親だって未熟な人間ですから、いろいろやってしまいますよ。親子大バトルになってしまうこともあるかもしれません。でもだからといって悪い親じゃない。それでも、親子は必ずやり直せる。お互いにひととして尊重できれば。これは絶対に伝えたいことですね。そこは信じてほしいです」

子供が成長していないわけがない

女子学院の鵜崎先生は、子供の成長とともに親の感受性が鈍ることを指摘します。

「本当に、赤ちゃんのころは何ができてもすべてを成長だととらえて喜べるんです。でもある段階から親は、見えなくなっちゃうんです。成長しているのに、それを成長だととらえられなくなってしまう。場合によっては退行しているんじゃないか、逆行しているんじゃないかと不安になる。赤ちゃんのときは、寝返りをうったといって喜んで、立ったとい

って涙して、しゃべったといって驚いて、わが子が笑ったっていうだけでもすばらしい幸せを感じてしまうわけですよ。でもそれを、いつしか本当に忘れてしまうわけですよね」

言われてみれば不思議です。なぜでしょう。

「よその子よりもハイハイが早くできたということに喜んだり、よその子が自分の子よりも上手におしゃべりしているのを見て焦ったり……」

そのころからすでに横との比較でしか子供を見られなくなっていくのかもしれないと言います。

「いつまでも自分の子だけを見ていたら、ひとつひとつうれしいことだと思うんです。でもどうしても隣の子が気になってしまう。それで子供を見るモノサシがどんどん厳しいものになっていく」

隣の子供だけではなく、同世代のまわりの子供がみんな気になり、「これからはグローバル社会だ」と脅《おど》されれば世界中の子供が気になってしまう。**子供よりも、子供を比べるモノサシのほうが先にどんどん大きくなっていってしまうから、子供が成長していないように錯覚してしまう。**そういうことかもしれません。

あるいはもしかしたら、たくさん良いところを見つけて褒めようとするからこそ、成長が見えなくなるのかもしれません。子供の成長は、必ずしも大人から見て褒められたものではない部分に表われたりしますから。

たとえばお友達との関係で心を痛めて苦しんでいることも成長です。でもそれを褒めたりはしませんよね。「あ、この子なりにいま成長しているんだな」とちょっぴり切なさを感じながら、じっと見守るしかありません。

「そのとき親御さんには、『なんとかなるさ』という泰然《たいぜん》自若《じじゃく》とした態度で、子供のうしろについていてほしい。子供を引っ張っていくんじゃなくて、うしろから推《お》してほしいんですよね。いつもうしろから推すのじゃなくて、子供が前に進めなくなって振り向いたときに『うしろについてるから大丈夫だよ』と声をかけるだけでいい。そういう立ち位置が理想だと思います」

変化の激しい時代のなかで、どこに向かってどうやって歩んでいくかは子供自身が決めます。でもときどきしんどくなる。それで不安になってうしろを振り向いたときに、「大丈夫だよ！」って声をかけてくれる親がいる。親じゃなくてもいいかもしれません。そんな大人が自分のうしろにいつもいる。子供にとって、それがどれだけ心強いか。

どんな無力な親であっても、それならできる。

安心ではなく安心感を与える

何が「大丈夫」なのか。「この先どんな時代になるのかわからなくて、大丈夫かどうかもわからないのに、『大丈夫だよ！』なんて無責任に言えない」。まじめな親御さんはそう考えるかもしれません。おっしゃる通りです。

でも鵜崎先生はこう言います。

「そういうときは、『だって、私だっていろいろあってもなんとかやってきて、いまこうやってあなたの親をやってるんだから』って言えたらいいじゃないですか」

この場合の「大丈夫」は、親が子供に安心を保証することではありません。「世の中がどんなことになったとしても、あなたがどんな状態になったとしても、私は親として、いつでもあなたのそばにいるよ」。そういう意味です。

子供が窮地に立たされて助けを求めてきたとき、鮮やかな解決方法は提示できなくていい。むしろ解決なんてしてあげないほうがいい。そこで本人のかわりに問題を解決してあげることは、「あなたにはこの問題を解決する能力がない」というメッセージを伝えることになってしまいますから。

でもそのかわり「ああそうか、大変だな」と言ってあげるだけで、たいていの場合、子供は安心して自ら態勢を整え直します。「なんだか最近つらそうだけど、自分で対処できそうか？　手助けできることがあったらいつでも言ってね」と声をかけてあげれば、親がちゃんと自分のことを見ていてくれていること、自分には問題を乗り越える力があること、いざとなったら一人で頑張らなくていいことを確認できます。そして、「そうか、何もしてあげられないけれど、自分にもそんなときがあった気がする。私がなんとかなったんだから、あなただってなんとかできる」と、根拠のない自信を植え付けてあげればいいのです。

親はどんなに頑張ったって子供に安心を与えることはできません。未来は常に不確定なのですから。でも親は、子供に安心感を与えることならできます。親であるというたったそれだけの巡り合わせのおかげで、その点においてだけは、信じられないほどの力があるのです。親は、自分がもつその力を過小評価すべきではありません。

逆に「『自分はこんな失敗をしてきたから同じ轍《てつ》を踏んでほしくない』というメッセージはやめてほしい」と鵜崎先生。

「親御さんはね、不安でいいと思うんですよ。だけど少なくとも子供の前では、自分の生きてきた道にはいろいろあったけれども間違いじゃなかったというように見せてほしい。そうすれば子供も、挫折を味わったとしてもその先に必ず新しい可能性があると思えるひとになります」

それでも「おおたさんは『なんとかなる』って言いますけど、本当にうちの子、それこそＧＡＦＡみたいなグローバルな会社で働くひとたちと互角にわたりあえるんでしょうか」みたいなことを聞かれることがありますが、私に言わせれば、「え、そこを当たり前に求めます？」って話です。

「なんとかなるさ」というのは、思い通りになるという意味ではありません。むしろ「人生、なんでもうまくいくわけがない。それでも人生がダメになることなんてない。むしろ、ままならない部分も多いからこそ、人生って味わい深いものになるんだよ」という意味です。

自分の人生がダメなんじゃないかと弱気になるのは、たいてい自分を他人と比べてしまっているときです。でもそんなときこそ、四天王寺の先生方の表現を借りるなら、学校で得た「法灯明《ほうとうみょう》」をもとにして、いよいよ「自灯明《じとうみょう》」を点《とも》すのです。そのときひとはようやく世の中にある既成のモノサシから解放され、自分自身の「人生のモノサシ」をもつことができます。

このとき、ひとは真に自由になれるのです。

自分が通っていた学校でいつの間にか自分が得ていた大きな大きな宝物の存在に気づくのはたいていそういうときです。

親としての失敗の中にも糧がある

でも、泰然自若としてありのままの子供を見守るというのも、簡単にできることではありません。「どうすればできるようになるんですか？」と私もよく聞かれます。私は「わかりません。でも、最初からできるひとなんていませんよ」と応えます。

「自分も親という立場だとそれはなかなかできませんでした。客観的でいるのはすごく難しくて、無理だと思うんです。でもひとつだけ言えるのは、ご自身の人生をよく振り返ると、絶対にどこかで何か悩んだりしているはずなんですね。でもそれを乗り越えてきたからいまがある。だから親である時点で自信をもっていいんです。子供に対して『そこにいるだけであなたは価値があるんだよ』と言うのと同じで、『親としてそこにいるだけで自分には価値がある』みたいに思ってほしいですね」とは洗足学園の宮阪先生。

女子学院の鵜崎先生は「よく、なんとかママはこんなふうに子供を立派に育てましたというのがありますよね。いいところだけが強調されるわけですが、でも実はそのお母さんだってたくさんの失敗をしているはずなんです。むしろその失敗が糧《かて》になっているはずなんですよね。だからうまくいったところだけをつまんで学んでまねしても、それこそバランスがゆがんでしまうわけで、うまくいくわけがありません」と指摘します。

これは子育て論で見落とされがちなことだと私も思います。

育児書通りに子供が育つわけがないと、誰もが言います。そこでよく言われる理由は、「子供は一人一人違うのだから」です。それはまったく正しい。それだけでも育児書通りに育つわけがない説明になります。でもそれだけじゃありません。

子供は親の失敗からも学ぶものです。親が間違ったかかわりをしてしまったとしても、よほど不適切なことでない限り、子供はそれを肥やしにして成長します。親の失敗によって回り道を強いられたとしても、回り道をした分、ちゃんと成長します。失敗しない親に育てられた子供はむしろ心配です。それが、成功事例しか書かれていない育児書通りに子供が育たない理由の2つめです。

　さらに、親が最初から子育ての「正解」だけをまねて子育てしていたら、親として試行錯誤する経験が乏しくなり、親が親として成長できません。親自身の子供を見る目が養われませんから、いつまでもなんらかの「正解」を外に求めてしまいます。**「正解」は常に子供の中にあるのに……。**

　親として何度も失敗し、反省し、試行錯誤をくり返すなかでようやく、ありのままの子供を見守ることができるようになります。それって、方法じゃなくて態度なのだと私は思います。**方法なら言葉で教えることができますが、態度は自分で身につけていくしかありません。**

「子供に近道をさせちゃいけないとよく言いますが、親御さんたちも近道を求めているんですよね。でも、さまざまな失敗をしてもらわないと、その域には達しないんです。私も親としてはたくさん失敗しましたから（笑）」

教育のプロである先生たちでもわが子と向き合うのは難しい。そう聞くと、気が楽になりますよね。

鵜崎先生はさらに「親御さんが、親として自分がどうしていいかわからないって不安を感じることは正しいんですよ。わかるわけないんです。ようやくわかるようになるのは、おじいちゃんやおばあちゃんになってからであって。わからなかったらそれを知ってるひとに尋ねればいい。でも大事なのは、それを鵜《う》呑《の》みにするんじゃなくて、じゃあ自分はどうするかってことを考えてほしいということなんですね」と言います。

そこでここからは、子供の年代別に子育てのヒントになるような印象的なフレーズを、Ｑ＆Ａ方式で一挙に紹介します。蛇足ながら途中で、これまでの取材経験を踏まえた私自身の考えも織り交ぜます。鵜崎先生が言うように、これを鵜呑みにするのではなく、「ではどうするか？」を自分で考えながら読んでください。

【幼児~小学生】「なんで？」を大切に

Q　普段の親子の会話で気をつけるべきことを教えてください。

A　いま、問いを立てる力が大事だといろんなところでいわれていますけれど、それって小さなころからいろんなところを歩いて「なんで？」って口に出せていたかってことと大きく関わっていると思うんですよね。だから子供の「なんで？」を小さなころから大事にしてほしいですね。それから、女の子だからピンクにしなさいとかはもういまどきやめてほしいですよね。（神戸女学院・林先生）

褒めて育てるとよく言いますが、褒めることよりも感謝の気持ちを伝えるほうが大事だと思います。よく「子供にもお手伝いをやらせましょう」とか言うじゃないですか。あれって労働力として家事を分担させることに意味があるんじゃなくて、ちゃんとやったときに「ありがとう」って伝えることに意味があるんですよね。たくさん「ありがとう」を言われた経験がある子は、自己肯定感が高まりますし、ひとのために自然に動けるようなひとになりますよ。また、人生いろいろありますから負の感情を抱くことも当然あるのですが、ただ「ムカつく」じゃなくて、いろいろな言葉で表現する練習を小さなうちから親が手助けしながらやっておくことですね。負の感情を昇華できないと、将来、トラブルそのものではなくそれによって自分の中に生じた負の感情に押しつぶされてしまうから。（鷗友・大内先生）

褒めるというのももちろんいいことなんですが、ある時期から逆に子供が親を喜ばせようとする時期に転換していきますよね。もうたぶん小学生のころからだと思います。「こんなことをしたら親は喜ぶだろう。お母さんの笑顔が見たいからこういうふうにしよう」と。それはもちろん成長なのですが、注意も必要です。そのときにまったくの無意識で、子供たちは自分を犠牲にすることを学んでいくわけです。そのバランスはとても微妙だと思います。過度に自分を犠牲にする癖を身につけてしまうと、やっぱり中学や高校で対人関係のところで問題が出てきます。（女子学院・鵜﨑先生）

Q　手遅れにならないように小さいうちにやっておくべきことはなんですか。

A　元気に生活して、お友達と遊んだり喧嘩したりって経験がいちばん大事です。ちょっと叩いちゃったとか、おもちゃを取って泣かせたとか、押したら転んじゃってとか、それを見たときに心が痛むとか、そういうことを通して、社会規範が、理屈じゃなくて体験として子供の体に染み込みます。それが人間関係を築く基礎にもなるし、勉強するときの自己コントロール力にもつながります。そこを犠牲にしてまで英語を早くからやっていただく必要なんてないんです。生きる基本は、どんな時代になっても変わらないから。（桜蔭・齊藤先生）

やっぱり小さいうちにいろんな経験をしておくことは大切だと思います。でも見聞を広めておくということは、自分の生活圏内で見聞を広めておくってことです。無理にどっかへ連れてったりとかして意図的に教育する必要はないんですよ。だってその子が育ってきたその環境というのがその子の足場なんです。足場がないとアイデンテ

ィティがなくなっちゃうんですよ。（女子学院・鵜﨑先生）

イマージョンの幼稚園やインターナショナルスクールが流行《はや》っています。でも、それは本来であれば日本語で蓄積していくはずの知識や思考を英語で入れていくということ。ずっと英語で暮らしていくのならそれでいいですが、日本語で生活をしていくのなら、その土台がなくなるということですから危険すぎます。アイデンティティの確立はやっぱりすごく重要だと思うので。英語力という意味では、中学から始めても中3くらいで追いつく。「全然わかんないと思っていたのに、えっ、私、わかるやん！」っていうあの喜びをもっている子のほうが動機付けとしては強力なので、伸びますよ。（神戸女学院・林先生）

Q　忙しいときはついスマホ育児をしてしまいます。まずいでしょうか。

A　スマホなんかも否定はしませんが、せっかくなら親子でルールを話し合うための教材として利用してほしいですね。（神戸女学院・林先生）

最近の親御さんは忙しいから、どうしても子供にスマホとかタブレット端末とか持たせますよね。絵本を読み聞かせたり、公園をお散歩したりできたらそのほうがいいのでしょうけれど、だからといってあんまり罪悪感を感じてほしくないんですよね。その罪悪感は子供に伝わってしまうから。忙しい毎日でどうしようもないのなら、スマホだってタブレット端末だって利用すればいい。たとえば２０４０年くらいに、いまの幼児が大人になったら、幼児期のその経験が活きるかもしれませんし。（洗足学園・宮阪先生）

親として特別な知識や技術は必要ない

子供の学力向上や心身の健やかな成長のためには、どんな学校に入れるかよりも、幼児期の親の関わり方や家庭の教育力が重要であると昔から指摘されています。家庭の教育力などといわれると、何をすればいいのかと不安になってしまうかもしれませんが、親として特別な知識や技術が必要なわけではありません。

前提として、子育てに正解はない。子供には子供の個性があり、親にも親の個性がある。家族には家族の形があり、文化がある。前提が変われば正解も変わる。よその家の子育てをまねしたってうまくいくはずがない。

そのうえで、迷ったときの大方針として、家庭の教育力を向上する5つのポイントを私なりにまとめてみました。

これらが科学的に正しいと証明されているわけではありません。ただし、私がこれまで聞いてきた多くの専門家や教育者の意見を総合して、おそらく「外してはいない」と思われるポイントです。細かいことは状況に応じて個別に判断するしかありませんが、子育てに迷ったときの大きな方針として参考にしてください。

（1）家の中でもできるだけ文章で話す

「これ」「それ」「ごはん」「おふろ」などと単語で話すのではなく、「これあげるね」「それとってもらっていい？」「ごはんを食べようね」「おふろが沸いたよ」などと、客観的に意味が伝わりやすい、文章に近い形で話すようにすると、論理的コミュニケーション力の素地になりやすいと考えられます。

（2）簡単に答えを与えない

子供に何か聞かれても、すぐに答えを言ってしまうのではなく、できるだけいっしょに考える時間を楽しむようにしましょう。そうすると子供は考えるのが好きになります。すぐに答えを与えてしまうと、お母さんやお父さんがグーグル代わりになってしまい、自分で考える前にすぐググるひとになってしまうでしょう。

（3）没頭していたらそっと見守る

子供が何かに没頭していたら、どんなくだらないことであってもできるだけそのままそっと見守りましょう。本人が飽きるまでやらせてあげる。危ないことでない限り。そうすることで、夢中になる力や集中力が磨かれます。これはのちのちあらゆることに取り組む力の源泉になるでしょう。幼いころに没頭した経験が豊かな子は大きくなってから伸びると、多くの教育者が口をそろえています。

（4）失敗を褒める

子供はそもそも失敗しかしません（笑）。それにいちいちダメ出ししていたら自己肯定感が下がってしまいます。でもちょっと見方を変えれば、失敗のなかにもいいところは必ずあるはずです。自分なりに方法を考えたことやチャレンジしようと思ったことなど。そこに目を向けて褒めてあげることで、失敗を恐れず、自分で考える子に育ちます。一見失敗に見えることのなかにも良い点を見つけるように心がけているといつの間にか、ありのままの子供を認められる親になれます。

（5）手本を見せる

人間はまねして学ぶのが得意な生き物です。あれこれダメ出しするよりも、親が正しい生活をしていれば、それが自然に身につくはずです。特にあいさつなど対人関係のしつけは、親が普段から手本を示せているならば、叱《しか》る必要などないはずです。つい忘れてしまったときは「あれ？　こういうときは何と言うんだっけ？」と聞いてあげれば、「こんにちは」とか「ありがとう」とか、言うべきことを思い出すはずです。

【中学受験生】中2の始業式が入学式

Q　第一志望に合格できなかったときのことを考えると不安です。

A　第一志望に行けたって、どんな学校に行ったたって、親は最初の1年間は不安です。「いい友達ができた」とか「結構面白い授業をしているな」とか「熱心に行事に取り組んでいるな」とか、1年くらい楽しく通っている娘の様子を見て、ようやくこの学校で良かったたって思えるようになってきます。だから中2の始業式が、親にとっての本当の意味での入学式なんだろうと思うんです。（鷗友・大内先生）

受験に限らず、人生って必ずしも願った場所に行けるとは限りません。この学校にも、第一志望じゃなかった子が来ます。でも一生に一回しかない中高時代です。「ここがあなたにとって最高の場所だ」って言ってあげてほしいです。親が認めてくれて

いれば、子供は自信がもてるんです。（洗足学園・宮阪先生）

こっそり最悪のケースをシミュレーションしておくことが親の役割です。第一志望以外に行くケースのほうが残念ながら多いはず。だから、併願校こそ、受験日や偏差値だけでなく、中味で慎重に選んでおいたほうがいい。（品川女子・漆先生）

大学入試のあと、「結果はもうどうでもいい。私、やり切りました！」って爽やかに言う高3生がいました。すばらしいなと思って。中学受験の場合、子供をそこに導くのが親の役割だと思います。ちなみに中学入試での序列は入ってからはまったく関係ありません。前向きな気持ちで入学できた子が伸びます。（吉祥女子・綾部先生）

Q　**中学受験勉強って本当に子供のためになるんでしょうか。**

A　うちの卒業生が「人生に必要な知識の８割は中学受験で身につけた」って言うんです。本当にそうだろうと思いますね。それくらいの子供たちっていろんなことをすぐに覚えますよね。駅や電車の名前とかポケモンの名前とか。そこで世の中で必要な知識をあんなコンパクトにまとめて覚えるのって、実はすごいいことをしているという自信をもってほしい。（洗足学園・宮阪先生）

卒業生たちの座談会で、「初めて自分が目標を立てて必死になったのが中学受験。あれを乗り越えたことが自信になっている」とみんな言いますね。自分が何か目標を決めてやり抜くという経験を12歳で味わっているわけですから。それに、あの時期に読み書きそろばんといいますか、基礎学力を鍛えていただいているっていうのは強いと思います。（四天王寺・中川先生）

自分が続けられるペースで続けることが大事です。無理するのはダメだと思います。親がグイグイ引っ張っちゃうような中学受験では、もう子供の自主性、全然伸びないですから。（神戸女学院・林先生）

中学受験のときって、目の前のことに気を取られすぎて未来を犠牲にしがちなんですよ。そこでやっちゃいけないのが、お手伝いしなくていいとか、学校行事を休ませるとか。誰かに任せりゃいいでしょみたいなね。そうすると自分優先な子供に育っちゃう。そうすると、友達できないじゃないですか。将来幸せになれないですよね。だから、受験より大事な未来の価値観は絶対に失わないようにしないと。そのためには余力を2割くらい残した中学受験がちょうどいいですよ。（品川女子・漆先生）

お父様が熱心だとあまりいいことがないです。ランキングとかそういう発想になることが多いので、いかがなものかと。女の子は反抗したり口答えしたりするので、まだ救われるかなと思いますけどね。（桜蔭・小林先生）

Q　**成績が落ちたときややる気のなさそうなときには、どんな声がけをすればいいでしょうか。**

A　子供がわかってることを言わないでということですよね。勉強しなきゃいけないのは、追いつめられてる子供がいちばんわかってるということを、親御さんたちだって頭では理解はしてるんですよ。でも言わずにはおれないというわけなんです。でもそこが我慢のしどころだってことをよくわかってたほうがいいんじゃないですかね。必要だったらときにはぶつかればいいんですけど、でもそのことをやはり親がちゃんとわかっててあげないと。（女子学院・鶴﨑先生）

成績が落ちちゃったら、それは本人がいちばん悔しいわけですから、責めて傷口に塩を塗るようなことをしてはいけません。いっしょにオロオロして泣くのも親の役目だと思います。でもまあ「ケーキ買ってきたから、食べへん？」みたいに言えば、子供にも親の気持ちは伝わるじゃないですか。自分のことちゃんと見ててくれてるんだ、気にしてくれてるんだっていう安心感のなかで、心を休めて、もう一回頑張ってみようっていう気持ちが出てくるわけで。（神戸女学院・林先生）

中学受験に失敗はあり得ない

ノーベル賞を受賞したアメリカの経済学者のジェームズ・ヘックマンさんは、幼児教育への投資効果が高いという研究結果を発表して注目を浴びました。だから社会として、高等教育よりもむしろ幼児教育に力を入れましょうと。では幼児期を逃すともう遅いのか。そこでヘックマンさんは別の調査も行なっています。

小学生を集めて毎日2～3時間の課題を与えて、それが終わったらみんなで振り返りをしてということを2年間続けました。構図としては中学受験勉強にそっくりですよね。するとその経験が、彼らが大人になってから新しいスキルを獲得するときに有利に働いていたという結果が出ました。知識そのものというよりはそういう経験をしたこと自体が、ひととしての器を広げたと考えられそうなのです。

中学受験はしなくてもいい。でも小学生のうちに継続的に何かに取り組む経験はしておいたほうが良さそうです。それが勉強でもいいし、スポーツでも音楽でもなんでもいいのですが、中学受験をしないからといって、この時期に何もしないという選択はないと私は思います。

しかし昨今の中学受験は親の受験ともいわれてしまうほど親が過熱しやすい。それでは中学受験が、子供を傷つけてしまったり、親子関係を壊してしまう原因になりかねません。そこで、拙著『中学受験「必笑法」』（中公新書ラクレ）から、中学受験生の親がもつべき心構えを3つ紹介します。

（1）わが子の才能を最大限に評価するモノサシをもつ

同じように勉強しているはずなのに、わが子よりもよその子のほうが成績が良かったりすると、悔しくなるかもしれません。悲しくなるかもしれない。

「やり方が悪いのだろうか」「どうやったらあの子よりいい成績をとらせてあげることができるのだろうか」。親は思い悩み、「頭が良くなる系」の雑誌や本に手を伸ばすかもしれません。しかしそれで効果が出るのなら、世の中とっくに「頭がいい子」だらけになっているはずです。

ひとはそれぞれ、生まれつきもっている才能が違うといえば違う。しかしそれらは、1つのモノサシで優劣をつけ、並べられるものではありません。マラソン選手と、短距離走選手と、どちらの運動能力が高いのかといわれても、それを比べるモノサシがないのと同じです。

一般的なペーパーテストの点数に表われる「学力」とは、記憶力、思考力、表現力など、実はさまざまな個別の能力の最大公約数的な数値です。バランスがとれている子供のほうが高く出る傾向があります。逆に、どこか一部が天才的に突出していても、テストの点数には表われにくい。テストの点数に象徴される「学力」は、子供の能力を推し量るひとつの目安にはなりますが、それがその子供の才能のすべてを言い表わしているわけではないことは言うまでもないでしょう。

であるならば、親がまずすべきことは、わが子の才能を最大限に評価できる独自のモノサシをもつことではないでしょうか。社会一般に用いられているモノサシでわが子を測り一喜一憂するのではなしに。

毎日コツコツ頑張る力、良くない成績にも凹《へこ》まない明るさ、難問にも果敢に食らいつくガッツ、自分が勉強で疲れているのに親のことまで気遣うやさしさ、つらいときにはつらいと言える素直さ……。よその子に負けない才能をたくさん見つけ、中学受験という機会を通してそれをさらに伸ばしていることに常に注目してあげましょう。

　そうすれば、よその子と比べたりしようとも思わなくなるはずです。

（2）第一志望以外はすべて第二志望だと考える

「第二志望合格ならまだいい。第三志望もダメ、第四志望もダメとなったらどう考えればいいのか」という指摘もあるでしょう。これにはちょっとしたコツがあります。

　第一志望は、子供のモチベーションを高める憧れの学校。でも、それ以外はすべて第二志望と考えるのです。

　詭《き》弁《べん》に聞こえるかもしれません。たしかに模試を受ければ第一志望から順に志望校を記入することになります。しかし、それを偏差値順に書かなければいけないという決まりはありません。「この学校もいいね。こっちの学校も良さそうだね」などと、受験するどの学校にも入りたい気持ちを盛り上げるのが親の役割です。文化祭やオープンキャンパスに参加して、各学校のいいところをたくさん見せれば、子供には偏差値表など見せなくてもいいでしょう。「ぜんぶ受かっちゃったらどこに行くか迷っちゃうね」などとのんきなことを言っていればいいのです。

実際、私はこれまでたくさんの学校を取材してきました。はっきり言いましょう。偏差値が5や10違ったって、教育内容に大した差はありません。長い歴史のなかで生き残ってきた私立の学校は、総じてどこの学校も恵まれた環境であり、いい学校です。

「これからはグローバル。世界のどこへ行っても通用する人間にならなければいけない」と言われているにもかかわらず、狭い日本の一部の地域に密集する中高一貫校のなかで「こっちの学校はいいけれど、この学校じゃダメ」だなんて言っているようでは、それこそ先が思いやられるというものです。

一般的には〝最高〟とされる選択肢を得たとしても、それを活かせなければ、その「選択」は悪かったことになります。逆に〝不利〟といわれる選択肢を選んだとしても、それを最大限活かせれば、結果的に最善の選択をしたことになります。要するに人生における「決断」の良し悪しは、決断したあとに決まります。

自分の「決断」を事後的に「正解」にできる力こそ、〝正解のない時代〟に「自ら正解をつくり出す力」になるはずです。それがあれば、どんなに先行き不透明な時代がやって来てもきっとたくましく生きていけます。

第一志望に合格すれば、望み通りの中高生活が得られるだけでなく努力が報われるという成功体験になる一方で、第一志望以外の学校に進むことになったとしても、堂々とその道を歩みその環境を最大限に活かすことができれば「自ら正解をつくり出す力」を身につける機会にできるのです。

そう考えれば中学受験に「失敗」なんてありません。必ず笑って終われます。それが私が提唱する「中学受験必笑法」の心意気です。

（3）受かった学校が最高の学校だと信じる

必ずしも第一志望に合格したわけではなくても「中学受験をして良かった」と言う親に共通する何かがあると、多くの取材経験のなかで私は感じました。

「大変ではあったけれど、振り返れば中学受験は自分たちにとっていい経験」と胸を張る親子は、もともと「自分にとっていちばんいいところに決まるはず」というブレない信念をもっていたケースが多いのです。そのような信念をもつことで、どんな結果も前向きに受け入れることができるようになるのはもちろん、受験勉強のさなかにおいても子供は余計なプレッシャーを感じることが少ないので、もてる力を発揮しやすくなるのでしょう。

子供が第一志望まっしぐらに頑張るのはいいことです。高望みだってどんどんすればいい。しかし親まで合格という結果ばかりを見ていると、いま、目の前で努力する子供の成長に気づけなくなることがあります。

小学4年で塾に通いはじめ、小学校では習ったことのないような難問にもあきらめずに取り組むようになる。テストの結果に一喜一憂し、「次はもっと頑張るぞ！」などと目標を立てたりするようになる。親の期待だってひしひしと感じている。「親を喜ばせたい」という気持ちも当然もっている。しかし、親が「結果がすべて」と思っていたら、これらの成長は合格という形でしか報われません。

いま、ここでの子供の努力と成長に目を向け、励ますことを、中学受験を志す子の親は忘れてはなりません。それを忘れなければ、合否が怖くなくなるはずです。「成績が上がってほしい」と切実に願う一方で、「成績が上がらなくても、この子が精一杯頑張って力を出し切れるのなら結果はどうでもいい」と心の底から思えるようになる不思議な体験をするはずです。

それはすなわち、ありのままの子供を受け入れられるようになるという意味でもあります。それが、親子で中学受験を経験することの最大の効能だと私は考えています。

【中学生・高校生】いろいろなものが芽生える

Q　反抗期だとわかっていても、親の言うことを聞いてくれないと不安です。

A　父親から気持ちが離れる時期があります。そのときにはあえてかかわらないようにしてあげてください。母親に対する反抗期もやっぱり同じです。あんまりそれに輪をかけるようなプレッシャーをかけたりしないでほしい。なんか様子がおかしいなと思ったときには、娘に言うのではなくまず両親でしっかり話し合うようにしてほしいです。（雙葉・和田先生）

やっぱりイライラすることも親としてはあるのはとてもよくわかるけれども、イライラすることが10個あったら子供には1個だけ言って、あとの9個は自分のパートナー、お父さんとかお母さんでお互いに言いあってください。残りの1つだけを、「お母さん（お父さん）はこう思うよ」っていうふうに言ってあげてくださいって言ってます。「無理です、そんなの」って言われるんですけど（笑）。（吉祥女子・綾部先生）

保護者にはこう伝えます。中高の6年間のなかで、親の考えとは違う方向に子供が向くかもしれません。ここに入れたらこういうふうになるっていう約束をできない学校ですよと。だって、ここでやっぱりある意味の自由を体験してしまった生徒の中にいろんなものが芽生えてくるわけですから。それを私たちは大切にしますよってあらかじめ言っておかないと。そうなっても、お嬢さんを後押しする覚悟をもって学ばせてほしいと思います。（女子学院・鵜崎先生）

Q　最近の思春期の女の子に増えているトラブルや心配ごとはありますか。

A　うちの学校ではスマホやケータイの持ち込みに関してはほんとに自由で、みんなスマホを持ってきてもオッケーなんですよね。うちの生徒は、学んで、ちゃんと理解する力があるという信頼のもとで、自由にしているということですよね。だからまあ、

LINEだとかツイッターだとかでやっぱり中2ぐらいで1回や2回は痛い目にあって。それからみんな上手に学んでいくので、中3の後半ぐらいからはそれでトラブルを起こすってことはまあほとんどないですね。（神戸女学院・林先生）

SNSでトラブルを起こすような子も、本当はよく見ていればその前に何かしらのSOSを発しているものです。そのときに、「どうしたの？　あなたのことちゃんと見てるよ」という反応を返してあげるだけでも違うと思います。「うるさいなぁ」と邪険に返されるかもしれませんが、それでも見ているというサインを伝えることが大事です。（雙葉・和田先生）

最近、思春期の女子に起立性調節障害で苦労しているひとがいます。朝すごくしんどくて起き上がることもできない。3～4時間目くらいの時間になってやっと少し元気が出てきて、午後からは元気になることが多いけれども、午前中は倦怠感でまったく活動できないんですよ。どこの学校にもそんな生徒さんがいらっしゃるのではないかと思います。男子より女子のほうが多いのかもしれません。摂食障害も女子のほうが多いようですね。何が原因かは専門家でもよくわからないようですが、真面目で頑張り屋さんの女の子がこの問題で苦労していることが多いようです。でも、本人の努力や周囲の粘り強いサポートで徐々に回復して、元気に学校生活を続けられるケースも多いですよ。あと、お友達同士のトラブルがあると、すぐに親が出てきてしまうことがあります。そんなときは「子供の喧嘩に親が出たらアカンでしょ。子供同士で解決させてあげてください」って、もう再三言うんです。「一歩引いて、10数えて待ってください」ってお願いをしますけど。たいていそれで、1〜2カ月したら解決します。その前に親が出てきちゃうと、表面上はトラブルがなくなったように見えても子供たちは傷ついたままですから、ずっと苦しむことになります。（神戸女学院・林先生）

昔より窮屈な感じがします。人生、いくらでもやり直しがきくのですから、もっと楽観的でいいのにと思います。そういう力があればこそ、失敗を恐れないチャレンジ精神が湧いてくるわけですよね。完璧主義な子が多いことも気になります。完璧じゃなくてもいいんだよと伝えたい。完璧じゃなくても、一生懸命やっていれば、必ず誰かが手を貸してくれます。自分ひとりで完璧なことを成し遂げるよりも、まわりのひとたちの力を借りながら、何かを成し遂げる力のほうが大事じゃないかと思います。完璧主義は危険ですらあります。足りない部分にばかり意識が向いてしまいますから。それで心の病気になってしまうケースもあるでしょう。完璧主義なところに過度な親の期待が重なったら、子供は潰《つぶ》れてしまいます。（豊島岡・竹鼻先生）

Q　思春期のうちにこれだけは伝えておくべきことはありますか。

A　優秀な子供たちのなかには、難関大学の合格を自分の力ですべて勝ちとったとか、あるいは勉強して研鑽《けんさん》を重ねて世界のトップで戦える力を身につけたんだっていう思いがあるかもしれませんが、やっぱりその力をどう使うのかが大事です。自分の努力によって得たものなんだから自分のためだけに使っていいはずだと思っているんだったら、それは教育としては失敗だと思います。（女子学院・鵜崎先生）

海外に目を向けるだけでなく、地方にも目を向けてほしいですね。たとえば地方の女の子が大学進学のために東京に出てくることは、いまだにそれだけで大変なことです。東京の私立の女子校に通う生徒たちが当たり前に与えられた環境で当たり前に受けていた教育で当たり前のようにできていることが実は当たり前ではないということは、日本国内だけを見たってあるわけです。また、東京では「普通」と思われている考え方が、地方では通用しないことだって結構あります。でも、どちらがいい、悪いということではなく、同じ日本であっても多様な価値観があるということなんです。そのことを自覚してほしい。（鴎友・大内先生）

自分をもってほしいということです。いわゆる鼻にかけるプライドではなくて、自己肯定感というニュアンスのほうが近いでしょうか。どんなにちっぽけなことでも、自分にはこれができるとか、他人に対してではなく、自分自身に誇れることをもってほしいですね。（豊島岡・竹鼻先生）

親が一から十までぜんぶ教えるんじゃなくて、いろんな大人から学ばせたほうがいいですよ。自分の子供のことだけでなく、地域のこととか、ＰＴＡとか、できる範囲で協力したことが、結局は自分の子供に返ってきます。（品川女子・漆先生）

親の経験値が役に立つとは限らない

中高生にもなれば、基本的にはもう自分でたいていのことができます。必要なことは自分で学んでいきます。もちろんまだ人生経験は浅いですから迷うことや間違えることはたくさんある。そんなときに子供のうしろに控えていて、「大丈夫だよ」と安心感を与えてあげる。それが思春期の子の親の役目であり、もう直接的に教えることはほとんどないと思います。

いろいろアドバイスしたくなる時期ではありますが、親が自分の人生のなかで得た教訓がそのまま子供の人生にとって役に立つかどうかはわかりません。だって子供と親とはまったく別の存在で、もっている個性や特性もまるで違うのですから。どうやったら自分の個性や特性を活かした生き方ができるかは、子供自身が手探りで見つけていくしかありません。

でも、これだけは普遍的だろうと思う究極のメッセージが3つだけあります。これは思春期のうちに子供に伝えておくべきかなと思います。正直、多分に私の価値観をベースにした発想ではありますが、これまでの取材を通して得た知見の集大成でもあります。

これだっていますぐに理解してもらわなくていい。理解できないと思います。でも、人生の何かの拍子に「そういえばお母さんやお父さんが昔こんなこと言ってたよな」って、ふと思い出してくれればそれでいいんじゃないかと思います。

（1）正直に生きろ

他人に対して嘘をつくなという意味だけではありません。むしろ自分をだますなと伝えたい。

自分に正直に生きると必ずどこかで壁にぶつかります。ひとともぶつかります。でもその葛藤を避けるために自分をだますことを覚えると、自分の人生がどんどん自分の人生でなくなっていきます。

一方で、壁にぶつかりながらも自分の道を貫くひとは、仮に社会的には大きく認められていなくても、自分の人生や生き方に誇りをもつことができます。

お金は使えばなくなってしまいます。名誉や社会的地位は、それを褒めそやしてくれるひとがいなければ何の意味ももちません。でも自分のなかにある誇りは、誰にも奪うことができません。

（2）卑怯はするな

自分に正直に生きていると、どうしても他人を傷つけてしまうことがある。できれば避けたいことではありますが、生きている以上避けられないこともある。人間の原罪です。でも、自分の利益のためにわざわざ他人を陥《おとしい》れるような卑怯《ひきょう》な人間にだけはなってほしくありませんよね。

そもそも卑怯とは何かという問いは、多感な時期に向き合うべき重要なテーマの1つだと思います。

卑怯なことをすると、自分では「へっちゃら」のつもりでも、それは必ず自覚されるので、自分自身が無意識レベルで傷つきます。傷つくと、心が弱って、正々堂々としていられなくなります。どんどん卑屈な人間になっていきます。自分の人生に対して誇りがもてなくなります。誇りがもてないから、お金や名誉や社会的地位にすがり、それらに縛られてシニシズム的に生きるしかなくなるのです。

（3）君は自由だ

自由とは、誰か自分よりも大きな権力をもっている者から大きな許可を得ることではありません。世の中との向き合い方、あるいは何を大切にして生きるのかを、自分自身で決めるということです。

君は自由だと伝えることは、自分の外にある価値観に寄りかかるなというメッセージです。どこかの他人がつくったモノサシで自分を測るなということです。

自分自身が心底自由だという実感があれば、他人の自由も尊重できるようになります。その先にいつの日か、理想の社会が実現するのだろうと私は信じています。

おわりに

子育てについて、教育について、取材を重ねれば重ねるほど、私のなかにはある確信が強まっていきます。**「結局のところ、実は親は無力である」ということです。**むしろ「いい親」って、自分の無力を自覚している親のことではないでしょうか。だってそれは子供の力を大きく評価しているということですから。

親は子供のためにあれもこれもしてやりたくなりますが、「こう言ってしまうと元も子もないのですけど、この子のためにと思ってやることは、実はたいがい無駄なんですよ」とは、この本のきょうだい本である『21世紀の「男の子」の親たちへ』でのある先生のセリフです。

親がよほど余計なことをしなければ、子供はそれなりに育っていく。取材経験を積めば積むほど、そんな考えが強まります。

「むしろ子供をつぶすのは親の熱心さ」だと、これまた私の尊敬するベテランの先生は断言していました。

では、親は何もしなくていいのか。「放任」がベストなのか。

そうではありません。

大事なのは子供をしっかり見てあげることだと先生たちは口をそろえます。ただ視界のなかに見えているだけではダメです。**子供が何に対し、どんな関心を寄せていて、いまどんなふうに心が動いているのかを見るのです。**

ちょっと難しいことのように感じてしまいますよね。もっと簡単にいいます。

たとえば幼児が公園で遊んでいて小さなイモムシを見つけたとします。すると子供の目が一瞬輝きます。その瞬間のその表情を見逃さないでほしいのです。

さらに子供がその感動を親に伝えたいとき、必ず一瞬親のほうを見ます。そのときに、子供の感動に共感しながら、アイコンタクトを返してあげてほしいのです。

「ママ（パパ）みて！」と声をかけられれば「よくみつけたね」とか「かわいいね」と返事してあげてもいいでしょう。でも感情のこもったアイコンタクトだけでも十分です。あえて言葉にしないほうがいいときもある。

そんなときにスマホをのぞき込んで芸能人のインスタに「いいね！」なんてしている場合じゃありません。子供にリアル「いいね！」を出してあげてほしいのです。それが、鷗友の大内先生が言った、子供の「いいな！」に「いいね！」するということです。

そうすると、子供の好奇心は励まされ、どんどん知的欲求が豊かになり、自分の感覚にも自信がもてるようになります。これが、第３章で説明したスペシャリティを伸ばすための恰好《かっこう》の養分にもなります。

幼児期に限ったことではありません。思春期になっても同じです。普段はぶっきらぼうに「ほっといてよ」などと言っていても、よく見ていると、多感な時期の子供がときどき何気ない会話をしながら目を輝かせてこちらを見ることがあります。

表面的なことばの奥に、本当は何か、親に知ってほしいことがあるんです。何気ない話だと思っても、目を見て興味をもって聞いていると、そのうち本当に伝えたかったことを話しはじめます。

何かに感動したということや、何かを発見したということ。それを親とも共有したいと思ってくれているのです。そのチャンスを逃してはいけない。

私自身がそう思うようになったのは、本書に出てくるような優れた先生たちが、そういうチャンスを見逃さないという点で共通していることに気づいたからです。

そういう先生たちは実は、生徒の「やる気」に火をつけているのではなくて、生徒が本人すら自覚できない小さな小さなやる気の種を発芽させたときに、それを見逃さず、そこに光を当て、その芽が育つのを温かく見守ることができるのです。それって教育の真髄じゃないかと思ったのです。

教育的な観点で親のすべきことって、究極的にはたったそれだけじゃないか、いや、それくらいしかできないのではないかと思います。

子供が小さなころから意識してそうやって子供のことを見ていると、親として成長するなかで、子供を見る目はますます良くなっていくはずです。

子育てのコツって、そこに尽きるんじゃないかと、私はいま、ほぼ確信しています。

２０２０年４月　おおたとしまさ

追記

原稿の最終チェックをしている現段階で、新型コロナウィルス対策としての緊急事態宣言がまさに出されようとしています。数カ月先も見通すことができない社会に突然なりました。シンギュラリティを待つまでもなく、すでに大人たちも、正解がわからない世の中を生きています。世界中の国が物理的には鎖国状態になってしまいましたが一方でいま、経済的な意味での「グローバル」ではなく、世界中のひとたちが同じ祈りをもってひとつになるという意味での「グローバル」が現実になっています。子供たちの通学もままなりませんが、いまこそ大人たちが子供たちに正解がわからない世の中の生き方を示すべきときです。20世紀の教育を受けた私たち大人にだって、その力はきっとあります。つまり、教育の本質はやっぱり変わらないんだということが、この困難を乗り越えたときにわかるはずです。子供たちのお手本となれるように、そして真にグローバルな社会を子供たちに残せるように、お互い頑張りましょう。

21世紀《せいき》の「女《おんな》の子《こ》」の親《おや》たちへ
——女子校《じょしこう》の先生《せんせい》たちからのアドバイス

令和2年5月10日　初版第1刷発行

著　者　おおたとしまさ

発行者　辻　浩明

発行所　祥《しょう》伝《でん》社《しゃ》

〒101-8701
東京都千代田区神田神保町3-3
☎03(3265)2081(販売部)
☎03(3265)1084(編集部)
☎03(3265)3622(業務部)

印　刷　堀内印刷

製　本　積信堂

ISBN978-4-396-61727-1 C0037
祥伝社のホームページ・www.shodensha.co.jp